Elisabeth Ornauer

UNNÜTZES WISSEN WIEN

Skurrile Fakten zum Angeben

SUTTON

UNNÜTZES WISSEN WIEN

Wir laden Sie ein zu einer ganz wundersamen Reise durch das schöne Wien, voller Besonderheiten und Liebenswürdigkeiten. Hier entflammt das Herz jedes Wien-Liebhabers noch mehr und bei einem Glaserl Wiener Stadt-Wein oder einem Stückerl Sacher-Torte erfahren Sie geheime und absurde, witzige und kuriose Fakten über die Donaumetropole im Herzen Europas, mit denen Sie in jedem Gespräch auftrumpfen können.

Historisches

Wien wächst und entwickelt sich, wie jede andere Stadt auch. Wir dokumentieren hier das Wachstum Wiens mit all seinen Blüten und Auswüchsen zum Staunen und Schmunzeln.

Das römische Militärlager

„Vindobona" wurde 50 n. Chr. errichtet. Ab der Mitte des 5. Jahrhunderts verließen die Bewohner das Lager nach und nach.

Das Stadtrecht

hat Wien laut einer antiken Tafel bereits zwischen 120 und 250 n. Chr. verliehen bekommen – somit ist Wien die älteste Stadt Österreichs und Enns rückt auf Platz zwei (1212 gegründet).

Die Kirche St. Ruprecht

steht auf römischen Fundamenten. Nachdem der hl. Ruprecht (auch hl. Rupert) der Schutzpatron von Salzburg ist, nimmt man an, dass Salzburg an der Gründung und am Bau von St. Ruprecht beteiligt war.

Der Name „Wenia“

für Wien wird 881 n. Chr. erstmals urkundlich erwähnt.

Der Bischof von Passau

gründete 1137 n. Chr. St. Stephan außerhalb der Wiener Stadtmauern, aber als Pfarre für Wien und die Orte in der Umgebung.

Wiens älteste erhaltene Sonnenuhr

wurde 1554 am südlichen Strebepfeiler des Apostelchors (Stephansdom) in Stein errichtet.

Der Job eines Türmers

wurde 1534, fünf Jahre nach der ersten Türkenbelagerung, eingerichtet. Seinen Dienst hatte er in der Türmerstube von St. Stephan in 72 Metern Höhe zu verrichten. Bei Ausbruch eines Feuers schwenkte er bei Tag eine rote Fahne, bei Nacht eine rote Laterne in die Richtung, wo das Feuer war.

Die älteste Tageszeitung

der Welt, die sogar noch immer erscheint, ist die „Wiener Zeitung"! Gegründet wurde sie 1703 als „Wiennerisches Diarium".

Die Wiener Porzellanmanufaktur

am Alsergrund (9. Bezirk) wurde 1718 von dem k.u.k. Hofkriegsagenten Claudius Innocentius du Paquier gegründet. Sie war die zweitälteste Porzellanmanufaktur Europas (nach Meißen) und musste aufgrund der zunehmenden Industrialisierung und der Überschwemmung des Marktes mit Kopien aus Böhmen 1864 geschlossen werden. 59 Jahre später, 1923, wurde die Porzellanmanufaktur Augarten gegründet und setzte die Tradition der Wiener Porzellanmanufaktur mit den beliebtesten Servicedekoren fort.

Der älteste Brunnen

in Wien, der heute noch besteht, ist der Schweizerhofbrunnen im Schweizertrakt der Hofburg, der 1552 errichtet wurde.

Der Vermählungsbrunnen

auf dem Hohen Markt (1. Bezirk) zählt sicherlich zu den romantischsten Brunnen der Stadt. Ursprünglich aus Holz, wurde er 1729 durch einen Marmorbau ersetzt. Mit diesem Brunnen dankte Kaiser Leopold I. den Eltern von Jesus, Maria und Josef, für die heile Rückkehr seines Sohnes Joseph aus dem Spanischen Erbfolgekrieg und widmete ihn der Vermählung der Eltern Jesus'.

Das Akademische Gymnasium

am Beethovenplatz im 1. Bezirk ist die älteste Schule Wiens, sie wurde 1553 von den Jesuiten gegründet.

Bei Dunkelheit

wird die Farbenpracht des Hochstrahlbrunnens von keinem anderen Wiener Brunnen übertroffen.

Die Universität Wien

(lateinisch „Alma Mater Rudolphina Vindobonensis“) ist die älteste deutschsprachige Universität. Sie wurde 1365 gegründet. Die Gründungsurkunde unterzeichnete Herzog Rudolf IV. zusammen mit seinen Brüdern Albrecht III. und Leopold III. am 12. März 1365.

Römische Soldaten

errichteten schon 100 n. Chr. ein erstes Kanalsystem auf Wiener Boden. Und im Jahr 1739 war Wien die erste europäische Stadt, die eine flächendeckende Kanalisation besaß.
Rund 500 Millionen Liter Abwässer fließen Tag für Tag in einem ca. 2.400 Kilometer langen Kanalnetz durch das Kanalsystem zur Hauptkläranlage in Simmering, die zugleich – sehr günstig – an einem der tiefstgelegenen Punkte Wiens errichtet ist. Der Wienflusstunnel ist das größte unterirdische Areal in einer europäischen Metropole.

1.000 Trinkbrunnen

löschen auch unterwegs den Durst.
55 Monumental- und Denkmalbrunnen sorgen für Erfrischung in den heißen Monaten.

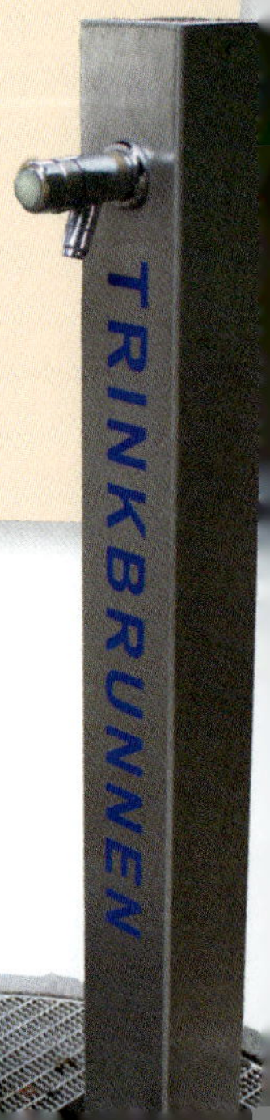

Der Brunnenmarkt

wurde 1786 um einen Brunnen herum errichtet. Dieser Brunnen brachte Wasser aus dem Wienerwald in die Hofburg. 1880 musste der Brunnen der Errichtung der Pferdestraßenbahn weichen, der Markt blieb jedoch erhalten.

Das Wasserglacis

befand sich einst dort, wo heute der Stadtpark liegt. Das Wasserglacis trug diesen Namen, weil in einem Kurpavillon Heilwasser für Trinkkuren ausgeschenkt wurde. Von 1865 bis 1867 wurde an dessen Stelle der heutige Kursalon Hübner erbaut.

Aus 30 Bergquellen

bringt die Wiener Hochquellenleitung ohne eine einzige Pumpe frisches Wasser in die Stadt. Die I. Hochquellenleitung, errichtet zwischen 1870 und 1873, liefert 220 Millionen Liter bestes (Trink-)Wasser aus dem Gebiet von Rax, Schneeberg und Schneealpe nach Wien. Die II. Hochquellenleitung befördert seit 1900 Tag für Tag an die 217 Millionen Liter Wasser aus dem Salzatal im Hochschwabgebiet (Steiermark) nach Wien.

Die Aquädukte in Liesing, Mauer und Speising

sind drei von insgesamt 30 Aquädukten, die das Hochquellwasser nach Wien bringen, wobei das Aquädukt in Liesing mit rund 794 Metern Länge das längste der drei Wiener Aquädukte ist.

Mit einer Fläche von 15.000 m²

ist der Wasserspielplatz Wasserturm der größte Wasserspielplatz Europas. In der Parklandschaft mit Wasserfällen, Bachläufen, Teichen, Brücken und Liegewiesen erfährt man auf dem Wassererlebnispfad eine ganze Menge über den Weg des Wiener (Leitungs-)Wassers von den Bergen bis nach Wien.

Der Wasserturm in Favoriten

hat seit der Errichtung der II. Hochquellenleitung im Jahr 1900 keine Funktion mehr. Er ist ein Bauwerk im Stil des „Industriellen Historismus".

Bereits in den 70er-Jahren

des 17. Jahrhunderts wurde davon berichtet, dass Kinder in Wien am 6. Dezember kleine Geschenke in ihren Schuhen vorfanden. Im 18. Jahrhundert kam der strafende Krampus dazu, der den gabenbringenden Nikolo begleitete. Unter Maria Theresia gab es bereits Nikolausbescherungen, ab der josephinischen Zeit (1782) brachte der Nikolaus auch einen „grünen Baum mit brennenden Kerzen". Ein Bericht von Karoline Pichler aus dem Jahr 1817 besagt, dass es nach altem österreichischen Brauch die Bescherung am Nikolaustag gab, anstatt zu Weihnachten.

Auf der Freyung

öffnete 1764 der erste Christkindlmarkt, wie wir ihn heute kennen, erstmals seine Standln. Sein Standort wechselte allerdings jährlich und er fand auch Am Hof, am Neubaugürtel und vor dem Messepalast statt. 1975 übersiedelte er fix in den Rathauspark und ist mit einem Ansturm von rund drei Millionen Besuchern jährlich der größte Christkindlmarkt Österreichs.

Ein eigenes Bundesland

wurde Wien im Jahr 1922.

Der Calafati

(auch Calafatti oder Kalafatti) ist neben dem Riesenrad und dem Watschenmann eines der Wahrzeichen des Wurstelpraters. Es handelt sich um die neun Meter hohe Figur eines Chinesen, auch „Großer Chineser" genannt. Ursprünglich gehörte sie zum Ringelspiel von Basilio Calafati, dem Sohn griechischer Einwanderer aus Korfu. In der „Schlacht um Wien" am 8. April 1945 wurde der Calafati vollkommen zerstört. Am 14. August 1967 baute ihn die österreichische Bildhauerin Ilse Pompe-Niederführ aus Kunststein nach.

Die größte Glocke Österreichs

ist im Nordturm des Stephansdoms untergerbacht: die Pummerin. Mit ihrem Gewicht von mehr als 20 Tonnen (20.130 kg) und einem Durchmesser von 3,14 Metern ist sie zugleich die drittgrößte freischwingend geläutete Kirchenglocke Europas und die sechstgrößte schwingende Glocke der Welt.

Nach dem Zweiten Weltkrieg

musste das zerbombte und ausgebrannte Riesenrad repariert werden. Aus Sicherheitsgründen wurden nur mehr 15 statt der ursprünglich 30 Waggons eingehängt.

Der Lainzer Tiergarten

ist seit 1919 öffentlich zugänglich (zeitweilig – für die Dauer der Brunft bleibt die Anlage geschlossen), davor war er kaiserliches Jagdgebiet. Bis 1974 gab es ein Zutrittssystem mit kostenpflichtigen Eintrittskarten.

Im „Steffl“

findet sich eine Zahlensymbolik, die auf der Weisheit der Baukunst aus Jahrtausenden beruht. „Heilige“ Zahlen und ihr Verhältnis zueinander bilden den Grundstein des Domes, Zufälle gibt es nicht, alles ist gut ausgedacht und hat einen tieferen Sinn.

Immer wiederkehrende Zahlen sind die Drei (steht für das Himmlische, eine göttliche Zahl, die Spitze des Dreiecks deutet nach oben, die Zahl der Heiligen Dreifaltigkeit), die Vier (steht für das Irdische, stellt die vier Himmelsrichtungen dar, die vier Jahreszeiten usw.) und die Sieben (ergibt sich aus der Summe von 3 + 4, Zahl der göttlichen Vollkommenheit, die Schöpfungstage waren sieben, es gibt sieben Sakramente, sieben Seligpreisungen, sieben Worte von Jesus am Kreuz usw.).

Drei und sieben hintereinander geschrieben ist 37, mal drei ergibt das 111 – so wird die 37 zur Maßzahl des Dombaus, alle wichtigen Maße ergeben sich durch diese Zahl. Zudem wurde die Zahl 37 in römischen Zahlen, sprich auf Lateinisch, wie folgt geschrieben: XXXVII – wobei auch das X ein Symbol für Christus ist. Die Zahl 1 steht für Gott, ebenso für Christus und daher symbolisiert 111 zugleich die Heilige Dreifaltigkeit – nicht von ungefähr ist der Dom genau 111 Fuß breit, dreimal 111 Fuß lang (333 Fuß) und der Südturm ist viermal 111 Fuß hoch (444 Fuß).

Sieben mal sieben mal sieben Stufen – 7 x 7 x 7 bzw. auch $(3 + 4)^3$ – führen hinauf zur Türmerstube, das sind insgesamt 343 Stufen, hier sind wiederum alle Zahlen vereint und involviert. Wenn manches Maß in der Realität nachgemessen auch nicht zu hundert Prozent übereinstimmt, so zählt nicht die Exaktheit der Zahlen, sondern die Botschaft, die vermittelt werden soll.

Bei näherer Betrachtung der Pilgramkanzel im Stephansdom, entdecken wir auch hier die Zahlensymbolik der Drei und der Vier: Am Treppengeländer befinden sich alternierend Drei- und Vierräder, die sich nach oben (die Drei steht für das Himmlische, wie erwähnt) bzw. nach unten (die Vier steht für die Erde) zu drehen scheinen.

Auch die Zwölf reiht sich in die Zahlensymbolik des Stephansdoms ein, schließlich steht diese Zahl für die zwölf

Apostel und die zwölf Monate und sie ergibt sich aus den Zahlen drei und vier, da 3 x 4 = 12. Rund um den Südturm sind zwölf Türmchen angebracht (Fialen), die den zwölf Aposteln entsprechen, aus deren Mitte sich Christus erhebt (der Südturm).

Viele Wiener Nachnamen

sind Berufsbezeichnungen, anders als im ländlichen Raum, wo sich die Namen meist auf die Herkunftsorte beziehen. Die 20 häufigsten Nachnamen in Wien sind in genau dieser Reihenfolge folgende: Wagner, Weber, Bauer, Müller, Wolf, Winkler, Weiss, Mayer, Schmidt, Fischer, Huber, Schmid, Gruber, Schneider, Wimmer, Berger, Schwarz, Wallner, Steiner und Fuchs.

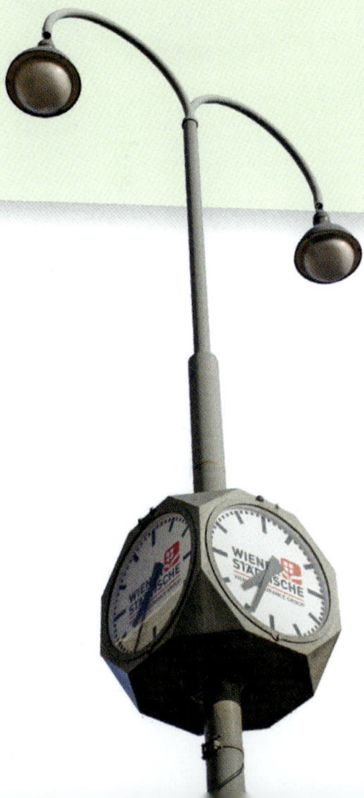

Die Würfeluhren

begegnen einem überall in der Stadt. Am 5. September 1907 wurde die erste Würfeluhr bei der Staatsoper aufgestellt, seitdem zieren 74 solche Uhren das Stadtbild.

Eine seit Jahrhunderten bewunderte Wiener Institution

ist ein Lokal, das Johann Baptist Cameel als Gewürzkrämerei bereits 1618 in die Welt bzw. in das damals schon traditionsreiche Haus in der Bognergasse 5 gesetzt hat und ihm den Namen gab, den es bis heute führt: „Zum Schwarzen Kameel“. Das heutige Interieur und Portal im Jugendstil erhielt das Lokal 1901.

Die Universitätssternwarte

wurde 1755 von Maria Theresia gegründet und befand sich zu der Zeit im Stadtzentrum, auf dem Dach der Alten Universität. Dieses Observatorium war die erste Universitätssternwarte im deutschsprachigen Raum. 1874 übersiedelte sie in den Sternwartepark auf der Türkenschanze in Währing, wo sie 1883 neu eröffnet wurde. Damals verfügte sie über das größte Linsenfernrohr der Welt und ist heute noch die größte Sternwarte in einem Gebäude.

Die älteste bestehende Brücke Wiens

ist der 1873 eröffnete und nun denkmalgeschützte Konstantinsteg, der zum sieben Meter hohen Konstantinhügel im Prater führt. Der Hotelier Eduard Sacher (1843–1892) war übrigens Pächter der 1871 dort errichteten Gaststätte „Am Hügel", die 1895 umbenannt wurde in „Sachergarten im (k.k.) Prater". Nach einem Brand 1977 wurde nichts Neues mehr dort erbaut. Benannt sind Steg und Hügel nach Konstantin zu Hohenlohe-Schillingsfürst (1828–1896), einem der Bauleiter der Wiener Weltausstellung 1873.

Die älteste Berufsfeuerwehr der Welt

ist die 1686 gegründete Wiener Feuerwehr. Seit jenem Zeitpunkt ist sie Am Hof „zu Hause". Während sich damals vier Feuerknechte rein um das Feuerlöschen gekümmert haben, kommen für die Feuerwehr heute unzählige Aufgaben hinzu, von technischen Einsätzen und Bränden (10.685 Einsätze) bis zur Rettung von Mensch und Tier (7.934 Einsätze) oder Verkehrsunfällen. Im Jahr 2018 ist sie zu insgesamt 36.390 Einsätzen ausgerückt. Seit jeher nahm die Wiener Berufsfeuerwehr eine Vorreiterrolle in der Entwicklung von Löschfahrzeugen und Schutzanzügen ein. Heute hat die Feuerwehr 1.630 Mitarbeiter, davon sind sieben Feuerwehrfrauen.

Die ersten öffentlichen Kindergärten

wurden in Wien zwischen 1889 und 1893 eingerichtet, der erste davon entstand in Simmering (11. Bezirk, Enkplatz 2).

Der erste Kreisverkehr Wiens

wurde 1927 am Michaelerplatz im 1. Bezirk errichtet.

Unter den Gebäuden der Innenstadt im 1. Bezirk

befindet sich ein unterirdisches Labyrinth von Gängen, bis zu vier Stockwerke tief, das alle Häuser unter der Erde miteinander verband. Bei den Türkenbelagerungen 1529 und 1683 gab es bereits unter dem gesamten ersten Bezirk ein Kellersystem. Die Schutzräume aus der Zeit des Zweiten Weltkrieges sind stillgelegt und seit dem Wiener Baugesetz von 1952 dürfen die Häuser nicht mehr unterirdisch miteinander verbunden sein. Vorhanden sind die Gänge jedoch nach wie vor. Der größte Feind dieses unterirdischen Kellersystems: Tiefgaragen und Banken.

Wiens ältestes Hotel

ist das Vier-Sterne-Hotel „Stefanie" in der Taborstraße im 2. Bezirk – am 8. Juli 1600 wurde an dieser Adresse ein „Gastgeb", ein Einkehrgasthof, urkundlich erwähnt und schon bald wurde die „Weiße Rose" zur besten und beliebtesten Unterkunft für Gäste in der Residenzstadt erkoren. Namensgeberin für das Hotel „Stefanie" ist die Kronprinzessin Stephanie von Belgien, von der auch einige (Kunst-) Gegenstände im Hotel stammen.

Mit den ersten elektrischen Lustern der Welt

stattete Ludwig Lobmeyr, Sohn des Glasmanufaktur-Gründers Josef Lobmeyr, 1882 die Redoutensäle in der Hofburg aus – und zwar in Zusammenarbeit mit keinem Geringeren als Thomas Alva Edison.

Der Prunkleuchter im Sitzungssaal

des Gemeinderates im Wiener Rathaus zählt übrigens zu den größten Kronleuchtern der Welt. Er wiegt 3,2 Tonnen, hat einen Durchmesser von mehr als 5 Metern, wurde von Friedrich von Schmidt entworfen und für die Weltausstellung 1878 in Paris gebaut.

Die erste Fußgängerzone

wurde 1971 probeweise am Graben (vom Stock-im-Eisen-Platz bis zur Habsburgergasse) eingerichtet. 1973 folgte die Kärntner Straße als erste offizielle Fußgängerzone, mit beinahe 950 Metern zugleich die längste Straße im 1. Bezirk. Bis 1989 wurde der Bereich der Fußgängerzone auf viele Nebengassen der Kärntner Straße, des Stephansplatzes und des Stock-im-Eisen-Platzes sowie auf den Beginn der Tuchlauben, den Kohlmarkt und den restlichen Graben erweitert.

Imperiales

Viele Jahrhunderte lang regierten die Habsburger die Donaumonarchie. Vieles gibt es davon zu erzählen und wir bemerken, dass auch Kaiser und Könige „nur" Menschen sind. Sie prägten das Stadtbild, den Speiseplan und unseren Wortschatz.

Der 1899 vollendete Hofpavillon

an der U-Bahn-Linie U4 in Hietzing wurde im Rahmen des Baus der Wiener Dampfstadtbahn extra für Kaiser Franz Joseph und den „k. u. k. Allerhöchsten Hof" bei der Haltestelle Hietzing errichtet. Der Kaiser nutzte den Pavillon allerdings nur zwei Mal für eine Fahrt mit der Stadtbahn – obwohl sich dieser doch gleich neben dem kaiserlichen Schloss Schönbrunn befindet.

Kaiserin Maria Theresia

wurde, obwohl sie Österreich regiert hat, nie zur Kaiserin gekrönt. Als einzige weibliche Herrscherin der Habsburger blieb Maria Theresia stets nur „die Frau des Kaisers".

Das Wiener Stadtbild

prägte Maria Theresia nachhaltig. Unter ihrer Regentschaft wurden die Wiener Börse gegründet, das Burgtheater erbaut und die Wiener Porzellanmanufaktur geschaffen, die Häuser wurden nummeriert und die Straßenpflasterung begann.

Der Tiergarten Schönbrunn

ist der älteste noch bestehende Zoo der Welt. 1752 wurde er als kaiserliche Menagerie neben dem Schloss Schönbrunn errichtet. Durch von Kaiser Joseph II. organisierte Expeditionen nach Afrika und Amerika zogen exotische Tiere wie Giraffen und Elefanten in die Kaiserstadt.

Die weltweit erste staatliche Bienenzucht- und Imkerschule

richtete Maria Theresia 1769 im Augarten ein. Heute stehen im Augarten immer noch etwa 20 bis 25 Bienenstöcke, die Imkerschule ist jedoch schon vor längerer Zeit in den Donaupark umgezogen.

11 Töchter und 5 Söhne

brachte Maria Theresia zur Welt. Als ihre Lieblingstochter galt Maria Christina – obwohl ihre Mutter eine strenge Heiratspolitik führte, durfte sich Maria Christina als einzige Tochter ihren Ehemann selbst aussuchen.

Für Zucht und Ordnung

sollte ein Keuschheitsgericht sorgen, eingerichtet von der strengen Katholikin Maria Theresia. So konnte Ehebrecher sogar die Todesstrafe treffen und im Prater wurde Buschwerk entfernt, um ledige Liebespaare leichter auf frischer Tat ertappen zu können.

Franz Stephan von Lothringen

war und blieb trotz zahlreicher Seitensprünge Maria Theresias große Liebe und die beiden sollen eine glückliche Ehe geführt haben. Nach Franz Stephans Tod ließ sich die Witwe die Haare kurz schneiden und zog sich aus der Öffentlichkeit zurück. In der Kapuzinergruft teilt sie sich einen Doppelsarkophag mit ihrem Liebsten.

Wo die Liebe bleibt

Maria Theresias Brautmyrte steht immer noch vor der Orangerie in Schönbrunn. Sie war ein Geschenk von Mahmud I., Sultan des Osmanischen Reichs.

Ein Highlight der Pflanzensammlung bei Hofe

ist die kaiserliche Zitrussammlung, die „Goldenen Äpfel des Kaisers". 100 Arten und Sorten wie „Buddhas Hand" oder Bitterorangen werden für den leichteren Transport in Kübeln kultiviert. Denn zum Überwintern kommen sie in die Orangerie. Im dortigen Fußboden ist noch eine Heizung aus der Zeit Maria Theresias verlegt, die wie anno dazumal mit Eichenscheitern aus dem Schlosspark beheizt wird.

Als kluger Geschäftsmann

galt Franz Stephan I. von Lothringen (1706–1765), Kaiser von Österreich und Gemahl von Maria Theresia. Zeuge seiner lukrativen Geschäfte ist das heute noch bestehende „Kaiserhaus" in der Wallnerstraße.

1.441 Zimmer

standen der kaiserlichen Familie im Schloss Schönbrunn, der Sommerresidenz der Habsburger, zur Verfügung. Das Schloss ist das meistbesuchte Kulturdenkmal Österreichs.

Tiere für die Menagerie Schönbrunn

beschaffte bis zu seinem Tod 1765 Kaiser Franz Stephan von Lothringen. Es lag ihm jedoch am Herzen, dass es keine fleischfressenden Tiere waren: So zogen zunächst Wasservögel, exotische Hühner, Fasane aus Indien und viele weitere bunte Vögel ein. Affen und Papageien nahm er nur auf, weil sie damals an den europäischen Fürstenhöfen zu den Modetieren zählten.

Sisi liebte Tiere

mehr als Menschen. Neben ihren Pferden liebte sie Hunde. Sie hatte einen Barsoi, einen Rehpinscher, einen schwarzen Pudel namens Pluto, fünf schwarze Doggen, einen rabenschwarzen Boxer namens Shadow (als er starb, trauerte sie „wie um einen guten, alten Freund“, wie eine Hofdame verriet), zwei graue Doggen, Morphy und Diana, zwei kurz geschorene Leonberger, Dragon und Hamlet, einen Spaniel namens Brave, zwei Persische Windhunde und zwei Irische Wolfshunde, einer davon hieß Houseguard, und den Schäferhund Plato, den sie wie ein Kind herzte.

Beim Giraffenpark im Tiergarten Schönbrunn

befindet sich das „Kaiserglöckerl". Früher hat sein Läuten die Ankunft des Kaisers verkündet, heute läutet es die Sperrstunde des Tiergartens ein.

640 Jahre

lang regierten die Habsburger. Von 1278 bis 1918 war die Hofburg ihre Residenz.

Geboren 1721

als Mmadi Make im Herzen Nordafrikas, kam Angelo Soliman 1729 nach Europa und diente an verschiedenen Fürstenhäusern als Kammerdiener, zuletzt bei Franz Josef von Liechtenstein. Rasch begann sein sozialer Aufstieg, er war sehr beliebt und zählte zahlreiche Persönlichkeiten der höheren Gesellschaft zu seinen Freunden wie etwa den Aufklärer Ignaz von Born. Nach seinem Tod 1796 wurde der erste schwarze Star Österreichs gegen den Willen seiner Tochter ausgestopft und im kaiserlichen Naturalienkabinett bis 1806 ausgestellt.

Der letzte Kammerdiener

von Kaiser Franz Joseph I. war Eugen Ketterl (1859–1928). Der Kaiser vertraute ihm so sehr, dass er ihm auch etliche Habseligkeiten vermachte, die Ketterl zuverlässig verwahrte. Als der treue Diener, der unter anderem für die Garderobe des Kaisers verantwortlich zeichnete, in Pension ging, war er gezwungen, sich von den Erinnerungsstücken an den Kaiser (alle mit Echtheitszertifikat und Siegel versehen und bis heute heiß begehrte Sammlerstücke) zu trennen, um seinen weiteren Lebensunterhalt bestreiten zu können. Die persönlichen Gegenstände des Kaisers gelangen sogar heute noch im Dorotheum zur Versteigerung: Rasierpinsel, Schnupftabakdosen, Zigarrenetuis, selbst eine lange Unterhose.

Das Riesenrad

wurde 1897 anlässlich des 50. Regierungsjubiläums von Kaiser Franz Joseph I. errichtet.

Sisi war

an zwei Stellen tätowiert. 1888, also erst im Alter von 51 Jahren, ließ sie sich einen Anker auf ihr linkes Schulterblatt stechen. Die wesentlich größere Tätowierung trug sie oberhalb ihres Gesäßes: einen Adler mit offenen Schwingen, eine Vorstufe des sogenannten Arschgeweihs.

Die Friseurin von Kaiserin Elisabeth

war 30 Jahre lang Fanny Angerer (1842–1911, Franziska „Fanny" Feifalik, geborene Rösler bzw. Angerer). Sie erschuf auch die berühmte Steckfrisur mit den Diamantsternen. Drei Stunden täglich frisierte und bürstete sie Sisis Haar, Haarewaschen dauerte gar einen ganzen Tag und wurde daher nur alle drei Wochen wiederholt. In dieser Zeit wurde „die Feifalik" zu einer ganz engen Vertrauten der Monarchin. Im Ausland wurde sie – auch aufgrund ihrer auffallenden Ähnlichkeit – immer wieder einmal als Double für die Kaiserin eingesetzt. Fannys extravagante Haarkreationen trugen wesentlich dazu bei, dass Elisabeth Kultstatus erlangte, und wurden auch gerne imitiert.

Eine der besten Reiterinnen

ihrer Zeit war Kaiserin Elisabeth, die bis zu acht Stunden täglich ritt. Sie begann erst mit über 30 Jahren mit diesem Hochleistungssport und lernte sogar Zirkusreiten. Etwa 30 Pferde standen in ihrem Stall.

Als Napoleon 1809 Wien besetzte

und die Burgbastei vor der Hofburg sprengen ließ, hatte Kaiser Franz II. den Einfall, an ihrer Stelle etwas komplett Neues zu errichten: So wurden damals ein Privatgarten (heute ist das der Burggarten), ein Exerzierplatz (der heutige Heldenplatz) und 1823 der allererste öffentliche Park angelegt, der Volksgarten.

Die Ringstraße

ist 5,3 Kilometer lang.

In der Kapuzinergruft

wurde nur eine einzige Nicht-Habsburgerin beigesetzt. Maria Karoline Gräfin Fuchs (geborene Mollard, 1674–1754), die ab 1728 Erzieherin der Töchter von Kaiserin Elisabeth Christine, der Gattin Karls VI., war, wurde diese Ehre auf Wunsch Maria Theresias zuteil. Diese hatte sie in ihr Herz geschlossen und schenkte ihr ein Schlösschen in Rodaun, das Fuchsschlössel in der Ketzergasse 471.

Mehr als 27 Schlösser

und über 163 Palais gibt es in Wien.

Die Spanische Hofreitschule

ist die einzige Institution weltweit, in der seit 450 Jahren die klassische Reitkunst in der Renaissancetradition der „Hohen Schule“ gepflegt wird.

Das Wappen von Wien

(wie wir es heute kennen) war einst der Brustschild des doppelköpfigen Adlerwappens aus der Kaiserzeit. Am Ende des 13. Jahrhunderts, 1278, taucht das Kreuz erstmals auf einer Münze, einem Wiener Pfenning, auf und deutet darauf hin, dass auch Wiener an den Kreuzzügen teilgenommen haben.

Das traditionsreiche Wiener Wäscheausstatterhaus

„Zur Schwäbischen Jungfrau“ (1720 von einem Schwäbischen Leinentuchhändler mit unverheirateten Töchtern – daher der Name – am Haarhof eröffnet, heute Am Graben) hatte immer schon nur die feinste Kundschaft aus dem Wiener Bürgertum und der (Hoch-)Aristokratie: Es fertigte bereits für Kaiser Franz Joseph die Servietten an und für Kaiserin Sisi die Spitzenbettwäsche. Auch heute noch beliefert die „Schwäbische Jungfrau“ Königshäuser auf der ganzen Welt.

Kulinarisches

Was wäre Wien ohne seine Kaffeehäuser, Eissalons, seine süßen Köstlichkeiten und seinen Wein? Eine Stadt, die kulinarisch eine Menge zu bieten und damit nicht nur Kultstatus erlangt hat, sondern weltbekannt geworden und im wahrsten Sinne des Wortes, vor allem mit unzähligen süßen Kreationen, in aller Munde ist.

Kaiserlich

In Wien gedenkt man auch heute noch oft des Kaisers – wenn wir ein Kaisersemmerl oder einen Kaiserschmarrn genießen oder uns über prachtvolles Kaiserwetter freuen.

Während des Wiener Kongresses

im Jahr 1815 wurden unglaubliche 10 Millionen Krapfen gegessen!

Im 19. Jahrhundert

gab es einen Brauch unter jungen Leuten, bei dem es als Zeichen der Verlobung galt, wenn ein Bursch seinen Krapfen in der Mitte teilte und die andere Hälfte einem Mädchen gab.

Bereits um 1690

wurden in den Sommermonaten im „Limonadiezelt“ des berühmten Cafétiers Johann Evangelist Milani auf der Bastei bis zu 6.000 Portionen Gefrorenes pro Tag verkauft.

Der kleinste Weingarten Wiens

liegt am Schwarzenbergplatz in der Innenstadt, besteht aus 60 Reben und ziert dort den Vorgarten des Hauses Nr. 2. Bewirtschaftet wird er vom Weingut Mayer am Pfarrplatz in Döbling. Bei der Ernte ist alljährlich der Wiener Bürgermeister anwesend. Die jährlich produzierten 50 Flaschen Gemischter Satz werden für einen guten Zweck versteigert.

Die Kochordnung der Stadt Wien

aus dem Jahr 1486 gibt ganz klare Anweisungen, wie die „Krapfenpacherinnen“ (die Krapfenbäckerinnen) ihre Krapfen zu backen hatten.

Die ersten italienischen Eis-Erzeuger

kamen im 19. Jahrhundert in die Donaumetropole, um hier ihre süßen Köstlichkeiten zu zaubern. 1865 wurde im Prater das erste Speiseeis angeboten – von Antonio Tomea (Bareta) aus Belluno, der mit seinem Eiswagen dort einen festen Platz hatte – und trat von hier aus seinen Siegeszug an. Insgesamt 22 Familien folgten Tomea ab 1870.

Eiskaltes Vergnügen

1894 setzten die Konditoren durch, dass Gelatieri nur mehr einen Gewerbeschein bekamen, wenn sie einen festen Firmensitz vorweisen konnten. Daraufhin mieteten die Italiener Räumlichkeiten und die ersten Eissalons entstanden. In Hamburg bezeichnete man diese Dielen sogar als „Wiener Fruchteis-Salons". Heute besitzt Wien die größte Eissalon-Dichte Europas. Zurzeit gibt es 132 Eissalons in Wien, einige werden bereits in dritter oder vierter Generation geführt. Neben alteingesessenen italienischen Eisfamilien, deren kühle Kreationen immer noch den uralten Geheimrezepten folgen, sprießen jährlich neue Trends aus dem Wiener Eis-Boden und beleben die Eismetropole. Veganes Eis, Blüteneis und gewagte Eiskreationen wie Matcha-, Salzige Brezel-, Lakritze- oder Avocado-Kokos-Eis bieten einen spannenden und abwechslungsreichen Eisgenuss für jeden Gaumen.

Wien und der Wein

Wien ist die einzige Hauptstadt der Welt, die innerstädtisch Weinbau betreibt, der Rang und Namen hat. Die Weinregion Wien weist eine Rebfläche von etwa 700 Hektar auf, von der ca. 80 % Weißweinreben sind. 2,4 Millionen Liter Wein werden jährlich produziert. Die Weingärten der Stadt Wien stehen seit 2015 sozusagen unter Denkmalschutz – ein weltweit einzigartiges Gesetz bestimmt, dass die Wiener Rebflächen bewirtschaftet werden müssen, um wertvolle Weinlagen vor der Verbauung zu schützen.

Das Baguette

ist zwar ein wesentlicher Bestandteil der typisch französischen Küche, soll jedoch von einem Wiener erfunden worden sein: Als der Wiener Bäcker August Zang nach dem Wiener Kongress um 1839 nach Paris kam und dort die „Wiener Bäckerei", die „Boulangerie viennoise", gründete, soll in ebendieser das Baguette entstanden sein, das er vorerst als „Wiener Brot" verkaufte. Und aus dem Kipferl soll August Zang auch das Croissant entwickelt haben.

Für den Apfelstrudel zum Trinken

gibt es unterschiedliche Rezepte: mit Büffelgraswodka, Apfelsaft und Zimt oder mit Malibu, Apfelsaft und Zimt etwa. In kalter, aber auch in warmer Variante. Fixe Bestandteile sind in sämtlichen Apfelstrudel-Drink-Variationen auf alle Fälle der Apfelsaft und der Zimt.

Strandfeeling

Obwohl Wien an keinem Meer liegt, gibt es mitten in der Stadt einige Strandbars, die den Süden und Urlaubsfeeling nach Wien holen: Das „Tel Aviv Beach“ (seit 2010) und die „Strandbar Herrmann“ (die „zweitbeste Bar der Welt“, wie sie von sich sagt) liegen direkt am Ufer des Donaukanals, „Sand in the City“ öffnet am Heumarkt, zwischen Hotel „Intercontinental“ (Interconti) und Konzerthaus gelegen, die Türen zu acht Beach-Bars im Sand(-kasten). Im „Vienna City Beach Club“ (VCBC) kann man sogar gleich und direkt in der Neuen Donau baden gehen.
Ausschlaggebend bei der Namensgebung von Herrmanns Strandbar war in erster Linie die Adresse, da sie am Herrmannpark gelegen ist, der 1930 auf dem Anschwemmungsgebiet des Wienflusses errichtet wurde. Dieser wiederum verdankt seinen Namen dem aus Kärnten stammenden Nationalökonom Emanuel Herrmann, dem Urheber der ersten Postkarte der Welt (1869).

Das Originalrezept

für das von Christian Domschitz im „Schwarzen Kameel“ kreierte Dessert, „Apfelstrudel im Glas“, ist geheim, nur die Zusammensetzung wird preisgegeben: Grappa-Rosinen, Zimtmousse, karamellisierte Äpfel, Sauerrahm, Nuss-Butterbröseln und ein gerolltes Strudelblatt.

Mehr als Kaffee

2.300 bis 2.400 Kaffeehäuser, Kaffeerestaurants, Kaffeekonditoreien und Espressi zählt die Bundeshauptstadt. 130 davon sind sogar sogenannte Traditionscafés und damit Touristenmagnete. Seit 1720 gibt es in jedem Wiener Kaffeehaus zum Kaffee auch die Zeitung.

Das erste Wiener Kaffeehaus

wurde 1685 von dem Armenier Johannes Deodat (auch Diodato genannt) auf dem Haarmarkt (heute Rotenturmstraße 14) eröffnet. Kaiser Leopold I. erteilte ihm aus Dankbarkeit das Privileg, öffentlich Kaffee ausschenken zu dürfen. Heute finden wir das Café „Daniel Moser“ an derselben Adresse.

Wiens ältestes durchgängig betriebenes Kaffeehaus

ist das „Café Frauenhuber" in der Himmelpfortgasse 6. An dieser Adresse erwähnt wird es seit Oktober 1824, seit 1891 wird es unter dem heutigen Namen geführt.

Die Fülle an Kaffeevariationen

in Wien wird von keinem anderen Land übertroffen.

Der Cappuccino

ist laut Falstaff das beliebteste Kaffeegetränk, das in Wien getrunken wird. Gefolgt vom Café Latte und dem Verlängerten. Die Italiener belegen also Platz eins und zwei, die Wiener Melange geht leer aus.

Die erste Wiener Wiesn

fand 2011 auf der Kaiserwiese im Prater statt. Viele der 150.000 Besucher kamen in Dirndl und Lederhose. Neben der klassischen bayrischen Weißwurst wurden an den zehn Tagen selbstverständlich auch Wiener Schnitzel ausgegeben – denn was wäre der Wiener ohne sein Schnitzel!?

Die Wiener Kaffeehauskultur

wurde am 10. November 2011 als „typisch gesellschaftliche Praxis" zum nationalen Immateriellen Kulturerbe der UNESCO ernannt.

Die Wiener Küche

ist die einzige Küche weltweit, die nach einer Stadt benannt wurde. Sie ist eine Mischung aus den Küchen aller ehemaligen Länder der k.u.k. Monarchie.

Zwei Packungen Mannerschnitten

werden weltweit pro Sekunde vernascht. Das ergibt 1.200 Schnitten pro Minute, 72.000 Schnitten pro Stunde und insgesamt über 63 Millionen Mannerschnitten pro Jahr.

Urkundlich erwähnt wurde die Mannerschnitte erstmals 1898 als „Neapolitaner Schnitte No. 239“, da die verwendeten Haselnüsse aus der Gegend um Neapel stammen.

Das Manner-Werk mit dem größten Waffelofen der Welt befindet sich im Herzen Ottakrings und produziert bis zu 450 Mannerschnitten pro Minute (das sind 45 Mannerschnittenpackungen) und 648.000 Schnitten pro Tag mit einem Gewicht von insgesamt 49 Tonnen. Zudem versorgt der Waffelofen 600 Haushalte in der Umgebung mit Fernwärme.

Seit mehr als 125 Jahren nach Josef Manners Originalrezeptur hergestellt, sind die Mannerschnitten das älteste vegane Produkt, weil es rein pflanzliche Inhaltsstoffe enthält. Für Touristen zählen sie zu einem der beliebtesten Mitbringsel aus Wien. 4.000 Packungen pro Tag werden alleine im Manner-Shop am Stephansplatz verkauft, den es dort seit 2004 gibt.

Doch schon vor der Gründung der „Chocoladenfabrik Josef Manner“ betrieb Josef Manner am Stephansplatz ein kleines Geschäft, in dem er Schokolade und Feigenkaffee verkaufte. Er war jedoch mit der Qualität der damals dort verkauften Schokolade nicht zufrieden und gründete daraufhin am 1. März 1890 seine eigene Manufaktur. Das Format der Schnittenpackung ist seit 1898 unverändert – zehn Schnitten zu 4,9 x 1,7 x 1,7 cm.

Die größte Original Sacher-Torte der Welt

wurde bislang von sechs Konditoren in 24 Arbeitsstunden am 22. September 2016 für die Wien-Tage in Ljubljana gebacken. Die Zutaten für die 600 Kilogramm schwere Torte mit einem Durchmesser von 3,5 Metern: rund 2.000 Eier, 50 Kilogramm Mehl und Butter, 40 Kilogramm Kristall- und Staubzucker, 45 Kilogramm hochwertige Schokolade, ca. 80 Kilogramm Marillenmarmelade und 200 Kilogramm Schokoladenglasur.

Die berühmteste Torte Wiens

und sogar weltweit ist die Sachertorte. „Erfinder" der weltberühmten Sachertorte in ihrer Grundform war der 16-jährige Kochlehrling Franz Sacher. Fürst Metternich beauftragte 1832 seine Hofküche, ein ganz besonderes Dessert für hochrangige Gäste zu kreieren. Der Bursch musste einspringen, weil der Chefkoch erkrankt war.

Sacher und Widersacher

Doch erst einige Jahre später entwickelte sein Sohn Eduard Sacher (1843–1892), während er in der Hofzuckerbäckerei Demel in Ausbildung war, die Sachertorte, wie wir sie heute kennen. So wurde sie zuerst beim Hofzuckerbäcker Demel angeboten und dann auch im „Hotel Sacher“, das Eduard Sacher 1876 gründete. Die Tortenschlacht um die Erfindung wurde schließlich beigelegt, indem das „Hotel Sacher“ nun den Begriff „Original Sacher-Torte“ (mit zwei Marmeladenschichten) und das Demel die Torte unter dem Begriff „Eduard Sacher-Torte“ (mit nur einer Marmeladenschicht) anbietet.

Das „Hotel Sacher“

bäckt mehr als 360.000 Original Sacher-Torten jährlich in Handarbeit. Dafür braucht es Jahr für Jahr 1,2 Millionen Eier, 80 Tonnen Zucker, 70 Tonnen Schokolade, 37 Tonnen Marillenmarmelade, 25 Tonnen Butter und 30 Tonnen Mehl. Alleine für das Aufschlagen von bis zu 7.500 Eiern täglich ist eine eigene Mitarbeiterin beschäftigt.

Die süßeste Waffe(l)

wurde 1926 erfunden, und zwar von Walter Niemetz und einem schwedischen Freund, dessen Herkunft für die Namensgebung verantwortlich zeichnete – die Schwedenbombe, eine Kreation aus Eischnee und Schokolade, die Hälfte mit Kokosraspeln bestreut. 1969 wurde die typische Sechser-Verpackung markenrechtlich geschützt. Von 1930 bis September 2015 in der Aspangstraße im 3. Bezirk nach dem originalen Rezept hergestellt, wich die Oblate in den 1970er-Jahren einer Waffel. 2015 übersiedelte die Produktion nach Wiener Neudorf, Niederösterreich.

Das Wiener Schnitzel

ist österreichweit so beliebt, dass sogar Statistiken über den Pro-Kopf-Verbrauch gemacht werden. So soll jeder Österreicher durchschnittlich 30 Wiener Schnitzel im Jahr essen.

Die Bäckerei „Gragger & Cie“

von Helmut Gragger ist Wiens erste und einzige Bio-Holzofenbäckerei. Bis auf eine kurze Pause im Sommer wird der zehn Tonnen schwere Holzofen in der Spiegelgasse kontinuierlich befeuert.

Österreichs berühmtester Biergarten

und ein wahres Paradies für Stelzen und Bier ist das „Schweizerhaus“ der aus Südböhmen stammenden Unternehmerfamilie Kolarik im Wiener Prater, das insgesamt 2.200 Plätze und davon 1.700 Gartenplätze bietet. Nach dem Ersten Weltkrieg, seit 1920, zauberte Karl Kolarik senior viele glückliche Gesichter, vor allem als er 1926 das Pilsener gegen das Budweiser Budvar Bier austauschte. Möglicherweise liegt das Geheimnis zugleich auch in der besonderen Art, das Bier anzuzapfen, wodurch das Bier weniger Kohlensäure enthält und süffiger wird.
Erst 1954, als das „Schweizerhaus“ nach dem Zweiten Weltkrieg wiederaufgebaut worden war, läuteten Schweinsstelze und Krautsalat eine neue Ära ein. Der Chef spricht überdies perfekt Tschechisch. An einem schönen Tag gehen schon einmal bis zu 600 Stelzen aus der Küche hinaus an die Gäste.
Erstmals urkundlich erwähnt wurde das „Schweizerhaus“ übrigens 1766 als „Hütte der kaiserlichen Schweizer Jagdtreiber“, wo es damals kleine Fische am Spieß und köstlichen Hollersaft statt Stelzen und Bier gab. Der Prater war allerdings noch nicht öffentlich zugänglich.

Neue Genüsse

Es war im Jahr 1983, als Wien eine kulinarische Bereicherung erfuhr: Yaşar Sarikoç brachte den ersten Döner Kebab nach Wien, ins „Kebab-Haus“ in der Operngasse. Damals standen die Menschen Schlange, denn das Fleisch am Spieß war eine Sensation.

Die Frankfurter Würstel

wurden 1805, also vor mehr als 200 Jahren, von einem Metzgermeister aus der Fränkischen Schweiz tatsächlich in Wien erfunden.
Johann Georg Lahner taufte sie selbst „Frankfurter", zur Erinnerung an seine Lehrzeit in Frankfurt, und gründete in der Kaiserstadt eine Selcherei in der Vorstadt Altlerchenfeld (heute 7. Bezirk). Doch als es keine Nachkommen mehr gab, musste der Wiener Traditionsbetrieb im Jahr 1967 zusperren.

Das wahre Alter des Guglhupfs

Bereits die Römer verwendeten Backgefäße aus Bronze in der Form einer rotierenden Sonne, unserer Guglhupfform sehr ähnlich. Seinen Namen hat er jedoch dem Kapuzinerorden zu verdanken, denn die Kapuze der Ordenskutte nannte man früher Gugl und weil sich der Teig beim Backen wie eine Kapuze hebt (sprich: hüpft), wurde daraus der Guglhupf.

Die Geburt des Caterings

1847 von Anton und Barbara Gerstner als Zuckerbäckerei Gerstner gegründet, errangen die feinen Torten, die flaumigen Kuchen und das kunstvolle Konfekt einen so guten Ruf, dass Gerstner 1873 zur k.u.k. Hofzuckerbäckerei ernannt wurde, sämtliche Diners ausrichtete und große Veranstaltungen wie Staatsempfänge und Konzerte mit seinen süßen Sachen belieferte. Auch für die Kulinarik im Hofoperntheater, der Staatsoper, zeichnete Gerstner gleich nach der Eröffnung verantwortlich, was bis heute so ist, sogar auf dem Opernball.

Die älteste Sektkellerei Österreichs

ist die Schlumberger-Kellerei in Döbling, die 1842 von Robert Schlumberger gegründet wurde. Bis zu seinem Tod 1870 war seine Kellerei Lieferant der königlichen Höfe Europas.

In Dänemark

nennt man das Plundergebäck „Wienerbrød“. Und das kommt daher: 1850 streikten die Bäckergesellen in Dänemark und Bäckergesellen aus anderen Ländern wurden nach Dänemark geholt, darunter waren auch Wiener Bäckergesellen. Diese brachten eigene Rezepte mit, etwa auch das Plundergebäck, das sich in Dänemark bald großer Beliebtheit erfreute und heute in der ganzen Welt als Danish Pastry bekannt ist.

Alle Jahre wieder

wird in den Redoutensälen der Wiener Hofburg vor dem Ball der Wiener Kaffeesieder der „Patisserie Grand Prix der Schokoladekunst“ vergeben, an dem Konditoren aus ganz Europa teilnehmen.

Sprachliches

Eine Melange vieler verschiedener Kulturen hat in Wien eine Sprache entstehen lassen, die seinesgleichen sucht. Viele Begriffe gehen langsam verloren, weil auch die Sprache sich verändert. Dennoch haben wir hier ein paar Sprachschätze für Sie bewahrt.

100 verschiedene Sprachen

werden in Wien gesprochen und Menschen 180 verschiedener Staatsangehörigkeiten leben in dieser Stadt.

Das Wiener Bürgerspital

entwickelte sich im 15. Jahrhundert zu einer internationalen Hochburg des Textilhandels. Es wurde dort auch Bier ausgeschenkt. Bald gab man dem Bier am Ort des Leinen-Handels den Namen „Leinwandbier", das sehr beliebt war und hervorragend schmeckte. Daher kommt der Begriff „leiwand" – denn genauso schmeckte das Bier!

Ab dem Ende des 12. Jahrhunderts

entwickelte sich in Wien in den niedersten sozialen Schichten eine Geheimsprache, die sogenannte Wiener Gaunersprache. Wörter aus dem Jiddischen, aus romanischen Sprachen und ab dem 15. Jahrhundert aus dem Romani fanden Einlass und wurden mit wienerischem Klang versehen. Auch neue Wörter wurden kreiert. Eine Sammlung von Wörtern der Wiener Gaunersprache, die 1443 als „Wiener Bettlerordnung“ erschien, unterstützte die Polizei und andere Behörden dabei, Bettler und Menschen aus dem fahrenden Volk – wie Händler, Gaukler, Gauner, Spielleute usw. – leichter verstehen und kontrollieren zu können.

„Leo“

Beim Fangenspielen der Kinder gibt es einen Ort, an dem man sicher ist, wo man nicht „gefangen“ werden kann, auf Wienerisch ist das „das Leo“ – und damit wird eine jahrhundertealte Tradition aufrechterhalten. Denn der Begriff „im Leo sein“ geht auf die Zeit von Leopold III. zurück, einem Babenberger, der einigen Klöstern, so auch dem Schottenstift auf der Freyung, ein Asylrecht zugestand. Am linken Pfeiler des Adlertores an der Nordseite des Stephansdoms befindet sich der sogenannte Asylring, eine Eisenspule, die Leo genannt wird und die Leopold als Zufluchtsstätte für Verfolgte anbringen ließ. Wer es bis dorthin schaffte, stand im Schutz der Kirche und durfte nicht ergriffen werden – er war „im Leo“.

Ende des 19. Jahrhunderts

ist ein Verb entstanden, das seinen Ursprung in der Soldatensprache hat: „wienern". Gemeint war damals die Reinigung von weißem Lederzeug mit Wiener Kalk, einer Schlämmkreide. Schnell ist das „Wienern" in die Umgangssprache übernommen worden und wir meinen heute damit, etwas blitzblank zu putzen.

Woher der Begriff „Walzer" wohl kommen mag?

Schau, wie sich die Füße drehen am Boden! Ursprünglich kommt der Walzer vom Wort „waltzen", was so viel hieß wie „auf der Waltz", auf Wanderschaft zu sein. Im 18. Jahrhundert bekam „sich walzen" die Bedeutung von „sich drehen".

Sprachliches

Wien heißt in vielen Sprachen Viena: auf Baskisch, Katalanisch, Litauisch, Portugiesisch, Rumänisch und Spanisch. Auf Polnisch heißt Wien Wiedeń, auf Irisch und Isländisch Vín, auf Koreanisch Bin, auf Slowenisch Dunaj und auf Ungarisch Bécs bzw. auf Bosnisch/Kroatisch und Serbisch Beć. Nur auf Walisisch ist und bleibt es Wien!

Der Name „Prater“

kommt vom lateinischen Begriff „pratum“ (auf Spanisch „prado“ oder auf Italienisch „prato“) und steht für Wiese oder Flussau.

Wienerisch

zählt zu den ostmittelbairischen Dialekten.

Die Endung „-erl“

ist in Wien zu Hause. Nur hier bekommen Sie etwa ein Kaffeetscherl, ein Kipferl, ein Torterl oder ein Semmerl. Es wird sogar gemunkelt, dass diese Verkleinerungsform automatisch die zugeführte Kalorienmenge reduzieren soll!

Musikalisches und Kulturelles

Wien, die Musikstadt par excellence, die immer schon ein guter Nährboden für Musiker war. Dennoch haben viele ihren Weltruhm erst außerhalb erlangt. Kulturell hat Wien einiges zu bieten, es schwingt und singt in allen Gassen. Auch hierüber gibt es viele Schmankerl zu erzählen.

Musik liegt in der Luft!

In Wien haben die meisten berühmten Komponisten gelebt.

Man weiß bis heute

nicht genau, an welcher Stelle sich Wolfgang Amadeus Mozarts Grab befindet. Am 5. Dezember 1791 starb er, in den Abendstunden des darauffolgenden Tages fuhr man den Sarg – dem Konstanze wohl eine Weile folgte, aber nicht so weit, weil es an jenem Abend stark stürmte und schneite – zum St. Marxer Friedhof, vor den Toren der Stadt gelegen. Dort wurde Mozart in einem „allgemeinen" Grab bestattet, so wie es damals üblich war. Es war jedoch weder ein Armen- noch ein Massengrab, wie lange Zeit angenommen.

Die repräsentative Mozart-Wohnung

im heutigen Mozarthaus Vienna (Domgasse 5, auch „Figarohaus“ genannt) ist die einzige bis heute erhaltene Wohnung, in der der Star-Komponist Wolfgang Amadeus Mozart gelebt hat, seit er im Mai 1781 fix nach Wien übersiedelte. In seinen zehn Wien-Jahren war diese die neunte von insgesamt 18 Wohnungen und hier blieb er am längsten, rund 2,5 Jahre (29. September 1784–24. April 1787).

Letzter k.u.k. Hofballmusikdirektor

war Carl Michael Ziehrer (1843–1922).

Wolfgang Amadeus Mozarts letzter Gedanke

vor seinem Tod galt dem Essen. In seinem letzten Brief an seine Frau schrieb er: „Was sehe ich? Was rieche ich? Don Primus ist es mit den Carbonadeln! Che gusto! Izt esse ich [auf] deine Gesundheit."

Franz Schubert

hatte den Beinamen „Liederfürst". Kein Wunder, über 600 Lieder flossen aus seiner Feder. Durch Schuberts Lieder wurde der Begriff „Lied" weltberühmt. Im Französischen hat sich das Wort („le lied") bis heute durchgesetzt. Franz Schubert war kein Glückspilz. Weil er vom Körperbau her klein und rundlich war, erhielt er von seinen Freunden den Spitznamen „Schwammerl".

Idol und Fan vereint

Sein Lebtag lang war Franz Schubert ein großer Verehrer von Ludwig van Beethoven. Er suchte immer seine Nähe und stellte sich dennoch in seinen Schatten. Erst als er rund 18 Monate nach Beethoven verstarb, kam er seinem Idol besonders nahe – er wurde ganz in seiner Nähe im heutigen Währinger Park begraben.

Als Joseph Haydn

am 31. Mai 1809 starb, griff die französische Armee Wien an und in der Nachbarschaft fielen Kanonenschüsse. Seine letzten Worte richtete er an seine Diener und sagte ihnen, sie mögen sich beruhigen.

Drehort für den 15. James-Bond-Film

„Der Hauch des Todes" (1987) mit Timothy Dalton, der zum ersten Mal die Rolle des Bond spielte, war zum ersten Mal auch Wien. Gedreht wurde unter anderem vor der Volksoper (die als Oper in Bratislava herhielt, da es Probleme mit den Drehgenehmigungen für Bratislava gegeben hatte), im Schlosstheater Schönbrunn (als Oper in Wien fungierend), im Prater beim Wiener Riesenrad, in Währing, in den Sofiensälen (die als Innenraum der Oper in Bratislava dienten) und bei den Gasometern.

Die älteste bespielbare Kirchenorgel

steht in der Franziskanerkirche im 1. Bezirk. Erbaut wurde sie 1642 von Johann Wöckherl, sehr viel später wurde sie jedoch so verbaut, dass sie gut im Original erhalten blieb. Was sie zusätzlich besonders macht, ist die Tatsache, dass sie bei offenen wie geschlossenen Flügeltüren bespielt werden kann.

In der Hauptstadt der Bälle

finden alljährlich 450 Ballveranstaltungen statt.

Bei der Fernsehübertragung

des Neujahrskonzertes der Wiener Philharmoniker kommen 40 Millionen TV-Zuschauer in 90 Ländern in den Genuss dieses Wienerischen Jahresauftaktes.

Als 1869 das Hofoperntheater

(die heutige Wiener Staatsoper) an den Ring übersiedelte, verweigerte Kaiser Franz Joseph zunächst die Abhaltung von Tanzfesten. Zwar erlaubte der Kaiser am 11. Dezember 1877 eine Soirée in seinem Haus, aber offiziell durfte nicht getanzt werden. Am 26. Jänner 1935 fand der erste Opernball als solcher statt. 1939 wurde noch ein Opernball abgehalten, nach dem Zweiten Weltkrieg jedoch, nach den Hungerjahren im zerbombten Wien, erst wieder am 9. Februar 1956. Bis auf den Teesalon vor der Mittelloge ist die gesamte Staatsoper vom Keller bis zum Dachboden für alle Ballgäste geöffnet.

„Der dritte Mann"

(„The Third Man", 1949) ist einer der bekanntesten Filme, in denen Wien eine Hauptrolle spielt. Das filmische Meisterwerk zeigt das zerstörte Wien der Nachkriegszeit, aber auch das Riesenrad und das unterirdische Kanalsystem, und das alles zu den Zitherklängen von Anton Karas. Seit vielen Jahren läuft der Film in der englischen Originalfassung jeden Dienstag, Freitag und Sonntag im Burg-Kino.

Falco Superstar

Falco gilt als der erste weiße Rapper. Hans Hölzl alias Falco war bei seiner Geburt am 19. Februar 1957 der einzige Überlebende von Drillingen.

Nur zwei österreichische Musiker

schafften es bisher auf Platz 1 der US-Charts: Anton Karas 1950 mit dem Harry-Lime-Thema (engl. „The Third Man Theme“) aus „Der dritte Mann“, eine reine Instrumentalnummer, und Falco 1986 mit „Rock Me Amadeus“. „Rock Me Amadeus“ war zudem der erste und bislang einzige deutschsprachige Song, dem eine Spitzenplatzierung in den US-Charts und in den britischen UK Top 40 gelang.

Das Pseudonym „Falco“

suchte sich Hans Hölzl aus, weil ihn der DDR-Skispringer Falko Weißpflog, genannt „Falke“, beeindruckte.

Die beliebte Krimiserie „Kommissar Rex“

wurde in fast 50 Ländern weltweit ausgestrahlt.

Falco war Stammgast

in der Diskothek U4.

Auf den Spuren des Falken

Falcos berühmte Worte, die er einmal gesagt hat („In Wien musst´ erst sterben, dass´ dich hochleben lassen, aber dann lebst lang."), bestätigten sich: In Wien gibt es heute mehrere Orte, die an den „Falken" erinnern, etwa die Falcostiege vor der U4-Station Kettenbrückengasse, die Falcogasse im 22. Bezirk oder das im Februar 2019 eröffnete Café „Falco´s" am Schwarzenbergplatz, das dem Musiker huldigt, von seinen Lieblingsgerichten auf der Speisekarte über die Musik, die gespielt wird („Jedes fünfte Lied ist ein Song von Falco."), bis zu den Fotos und Videos an der Wand.

Das erste Kino

wurde 1902 im Prater eröffnet. Als „ältestes dauernd bespieltes Kino der Welt" bezeichnen sich die Breitenseer Lichtspiele, die 1905 gegründet wurden.

Eines der schönsten Lichtspielhäuser Wiens

ist das 1960 an der Ringstraße errichtete Gartenbaukino, mit beeindruckender Großleinwand und 736 Sitzplätzen.

Wien ist das einzige Bundesland Österreichs

ohne eine eigene offizielle Landeshymne. Inoffiziell ist es der Donauwalzer („An der schönen blauen Donau"), der den Wienern aus dem Herzen spricht.

Die weltweit größte Sammlung von Klimt-Gemälden

ist im Belvedere, der Sommerresidenz von Prinz Eugen, untergebracht (24 an der Zahl), mit dem schönsten und berühmtesten „Kuss"-Gemälde der Welt.

Im Kunsthistorischen Museum (KHM)

ist die weltweit größte Pieter-Bruegel-Sammlung zu bestaunen (12 Gemälde).

Die Wiener Sängerknaben

sind die älteste Boygroup der Welt. Seit 1498 singen sie sich in die Herzen der Menschen auf der ganzen Welt.

Das größte Open-Air-Musikfestival der Welt

bei freiem Eintritt ist das Donauinselfest – rund drei Millionen Menschen genießen jährlich das vielfältige Musikprogramm.

Die meisten Auftritte

beim seit 1984 jährlich stattfindenden Donauinselfest hatten bisher Wolfgang Ambros mit zehn Auftritten und STS mit acht Auftritten. Die meisten Besucher verzeichnete 1995 der Auftritt der Kelly Family: 250.000 Menschen lauschten ihrer Musik.

Wien ist die einzige Stadt

auf der Welt, die mit einem eigenen Musikgenre aufwarten kann, dem Wienerlied!

Ignaz Bösendorfer

(1796–1859), ein Josefstädter, ist der Gründer der weltberühmten Bösendorfer-Klaviere. Auf sämtlichen Gewerbeprodukteausstellungen zwischen 1839 und 1845 gewann der Klaviermachermeister erste Preise mit seinen Flügeln.

300 Bösendorfer-Flügel

verlassen Jahr für Jahr die Klaviermanufaktur, um ihren einzigartigen Klang in der Welt zu verbreiten.

Die Passage von der U1 bis zur U2 am Praterstern

ziert das weltweit größte Emailgemälde von Susanne Zemrosser: Es ist 50,63 Meter lang und 2,61 Meter hoch und hat damit sogar einen Eintrag ins Guinness-Buch der Rekorde geschafft. Die hellen, heiteren Farben und Fantasiefiguren, Clownfrauen, Riesenrad und Ringelspiel, schweben in Richtung Wurstelprater und Hauptallee und weisen somit den Weg.

Johann Strauss Sohn

(1825–1899) hat dem süßen Wien mit seinem Walzer „Wiener Bonbons“ (op. 307) ein Denkmal gesetzt. Uraufgeführt wurde er am 28. Jänner 1866 im Redoutensaal der Wiener Hofburg. Gewidmet hat Strauss diesen Walzer der beliebten und geschätzten Fürstin Pauline von Metternich.

Für den deutschen Komponisten

Richard Strauss (1864–1949) war die Wiener Mehlspeise nicht nur ein Gedicht, sondern auch Musik: Er schrieb ein „heiteres Ballett in zwei Aufzügen“: „Schlagobers“, das am 9. Mai 1924 seine Uraufführung in der Wiener Staatsoper hatte und in dem sämtliche Wiener Mehlspeisen ihren Auftritt haben: das Schlagobers, der Guglhupf und viele andere Süßigkeiten.

In der Stadt Wien

war der Walzer, der sich Mitte des 18. Jahrhunderts aus dem volkstümlichen Ländler in Österreich, Bayern und Böhmen entwickelte, zu Beginn noch verpönt, weil sich die Tänzer zu nahe kommen, weshalb er damals auch als „wüster Weller“ bezeichnet wurde. Die feinen Mädchen in der Stadt tanzten lange Zeit artig und mit Sicherheitsabstand Menuett. Der Wiener Kongress machte den Walzer salonfähig und seitdem ist er heute noch auf sämtlichen Bällen nicht mehr wegzudenken. Seit 1932 wird er als einer der fünf Standardtänze weltweit auf Tanzturnieren getanzt.

Die Stadthalle

ist Österreichs größtes Veranstaltungszentrum.
300 Veranstaltungen pro Jahr mit rund einer Million Besuchern machen die Stadthalle zu einer der Top-Arenen Europas. Eröffnet wurde das von Stararchitekt Roland Rainer erbaute Gebäude, sein Meisterwerk (auch das ORF-Zentrum ist von ihm), 1958. Das ebenfalls von ihm errichtete Stadthallenbad wurde zur Schwimm-Europameisterschaft 1974 fertiggestellt.

In Wien wurde immer schon gerne gespielt

1824 von Anton Moser im 7. Bezirk gegründet, übernahm Ferdinand Piatnik 1842/43 dessen Kartenmalerei-Betrieb. Aus der kleinen Kartenwerkstatt wurde im Laufe der Jahre ein etablierter Spiele-Hersteller mit 150 Mitarbeitern allein in Wien, der heute etwa 1.000 Kartenspiele (Tarot-, Bridge- und Schnapskarten sowie den „Schwarzen Peter" u.v.m.) und mehr als 200 Gesellschaftsspiele (u.a. Activity, DKT) im Sortiment führt und in rund 72 Länder auf der ganzen Welt verkauft – täglich sollen 10.000 Brettspiele, 100.000 Kartenspiele und 4.000 Puzzles über die Ladentische gehen.

Der Begriff „Wiener Walzer“

wurde erstmals 1797 in Breslau erwähnt, in Wien sprach man erst 1807 davon. Der Wiener Walzer ist eine besondere Form des Walzers an sich, von dem es später dann auch einen Pariser Walzer, einen Russischen Walzer usw. gab.

Die meisten Museumsbesuche

in Wien verzeichneten in den vergangenen Jahren das Naturhistorische Museum und das Obere Belvedere abwechselnd. Ab 2015 holte das Obere Belvedere auf und blieb konstant an der Spitze mit fast einer Million Museumsbesuche im Jahr.

Mit beinahe sechs Millionen Besuchern

sprengt das Schloss Schönbrunn sämtliche Besucherrekorde, was es dem regen Zustrom an Touristen zu verdanken hat.

Die 1911 errichtete Ankeruhr am Hohen Markt

ist eine Jugendstil-Spieluhr mit vielen Anspielungen. Am 18. August 1915, dem 85. Geburtstag von Kaiser Franz Joseph, gab es den ersten Probelauf. Zwölf Figuren laufen in einer Schiene im Kreis, um 12 Uhr laufen alle reihum, zu jeder Figur ertönt eine passende Melodie. Der Höhepunkt war damals das Erklingen der Kaiserhymne bei Figur XII. Diese sollte eigentlich die Figur Kaiser Franz Josephs darstellen, es ist jedoch Joseph Haydn, der Komponist der Kaiserhymne, der an zwölfter Stelle vorbeimarschiert.

Kaiser Joseph II.

ordnete um 1776 an, dass das „alte" Burgtheater am Michaelerplatz nur Theaterstücke aufführen durfte, die von keinen traurigen Begebenheiten handelten, damit das kaiserliche Publikum in guter Stimmung gehalten werde. Aus diesem Grund mussten viele Stücke geändert werden, auch wurde ihnen ein „Wiener Schluss" (ein Happy End) verpasst.

Zwei der insgesamt zehn

österreichischen Weltkulturerbestätten der UNESCO befinden sich in Wien: das Schloss und die Gärten von Schönbrunn sowie das historische Zentrum von Wien.

Am Burgtheater

gab es seit dem 19. August 1798 ein kaiserliches Vorhangverbot, das vorschrieb, dass sich Ensemblemitglieder (damals waren sie die „Schauspieler Seiner Majestät“) nicht vor dem Vorhang verbeugen durften, um das hohe Ansehen der Schauspieler zu wahren. Lange wurde das Vorhangverbot diskutiert. Erst zu Saisonbeginn 1983/84 wurde es vom damaligen Unterrichtsminister Dr. Helmut Zilk aufgehoben.

Geografisches

Wien mit seinen Höhen und Tiefen. Lebenswert, nah und fern zugleich. Eine Großstadt, die größer ist, als sie anmutet, und trotzdem ist sie klein und fein. Und man kehrt immer wieder gerne zurück – nach Wien.

Rund um den Stephansplatz

weht immer eine frische Brise. Immerhin liegt der Stephansplatz auf einer Seehöhe von 171 Metern.

Der höchste Punkt Wiens

ist mit 543 Metern Höhe der Hermannskogel im Wienerwald, der tiefste Punkt Wiens befindet sich in der Lobau mit 151 Metern über dem Adrianiveau. Die U-Bahn-Station der U1 am Schwedenplatz soll noch um neun Meter tiefer liegen – auf 142 Metern Seehöhe.

Die Gesamtfläche

der Stadt, die aus 23 Bezirken besteht, beträgt rund 415 km^2.

Von 1938 bis 1954

hatte Wien 26 Bezirke. Die Schaffung von „Groß-Wien“ entstand dadurch, dass 97 niederösterreichische Gemeinden die Bezirke 23 bis 26 bildeten: Der 23. Bezirk war Schwechat, der 24. Bezirk Mödling, der 25. Bezirk Liesing und der 26. Bezirk Klosterneuburg. Nach dem Zweiten Weltkrieg wurden 80 dieser Gemeinden wieder dem Bundesland Niederösterreich „zurückgegeben“. Die 17 anderen ehemals niederösterreichischen Gemeinden wurden zum 23. Bezirk Liesing zusammengefasst und der 22. Bezirk erhielt einen neuen Namen, „Donaustadt“.

Um 1910 hatte Wien bereits mehr als zwei Millionen Einwohner

und war damit die fünftgrößte Stadt der Welt (nach London, New York, Paris und Chicago). Als der Erste Weltkrieg vorüber war, hatte die Stadt jedoch ein Viertel seiner Einwohner verloren. Zurzeit leben ca. 1,9 Millionen Menschen in Wien, die Zwei-Millionen-Grenze dürfte jedoch schon in ein paar Jahren erneut überschritten werden.

Wien gilt als lebenswerteste Stadt

weltweit (seit zehn Jahren hintereinander auf Platz 1) und wurde im Frühjahr 2020 auch zur grünsten Stadt der Welt gekürt.

Wien ist die bevölkerungsreichste Großstadt

Österreichs, die zweitgrößte im deutschsprachigen Raum (nach Berlin, aber noch vor Hamburg, München und Köln) und die fünftgrößte Stadt der EU (nach Berlin, Madrid, Rom und Paris).

Der heißeste Tag in Wien

seit Aufzeichnung der Messdaten 1775 war der 8. August 2013 mit 38,5 °C. In der Innenstadt wurden sogar 39,5 °C gemessen.

Die heißesten Jahre der letzten Jahrzehnte

waren das Jahr 2015 mit 42 Hitzetagen (das sind Tage mit über 30 °C) und das Jahr 2003 mit 40 Hitzetagen. Eher kühl fielen die Sommer in den Jahren 1960, 1966, 1977 und 1978 mit je nur zwei Hitzetagen aus!

Die meisten Sonnenstunden bisher verzeichnete

das Jahr 2003 mit 2.305 Stunden Sonnenschein – 2003 war es mehr als die Hälfte des Jahres sonnig (54 %)! Auch 2011 mit 2.242 und 2006 mit 2.228 Sonnenstunden waren sehr sonnige Jahre.

Das trockenste Jahr

seit Beginn der Aufzeichnungen 1873 war das Jahr 1992.

Schneealarm!

Laut Wetteraufzeichnungen zwischen 1955 und 2018 war der Winter 2013/14 der Winter, in dem es am wenigsten Schnee gab. Nur 2 cm Neuschnee fiel in den Straßen und Gassen. Das zweitschwächste Schneejahr war aber schon das Jahr 1974 mit nur 6 cm Neuschnee. Über den meisten Neuschnee „freuten" sich die Wiener im Winter 1969/70 mit 227 cm. Die langjährigen Mittelwerte für Neuschnee liegen bei 67 cm pro Winter.

Vom Winde verweht

Der stürmischste Tag seit Messbeginn 1911 war der 18. Februar 1946, da fegten Windböen mit einer Geschwindigkeit von bis zu 139 km/h durch die Stadt. Das Jahr mit den meisten stürmischen Tagen war 2007: 74 stürmische Tage hat es summa summarum zu verzeichnen.

Eiskalt

Der kälteste Tag seit 1958 war der 7. Jänner 1985 mit -19,6 °C. Der kälteste Jahrestag mit der „höchsten kältesten" Temperatur war übrigens der 22. Jänner 1975 mit nur -2,7 °C!
1963 war insgesamt ein kaltes Jahr, in diesem Jahr wurden auch die meisten Eistage (das sind Tage, an denen die Quecksilbersäule nicht über 0 °C hinaufklettert) aufgezeichnet (63), gefolgt von 1997, wo es immerhin 49 eisige Tage gab. Milde Jahre waren hingegen 2015 mit nur zwei Eistagen und 1974 mit drei Eistagen.
Seit 1958 wurden im Jahr 1963 die meisten Frosttage (das sind die Tage mit einem frostigen Morgen) gezählt (112), die wenigsten Frosttage gab es 2014 (30) und 1974 (32).

Entfernungen

Der „Steffl" ist rund 5.362,30 Kilometer vom Äquator entfernt. Die Entfernung zum Nordpol beträgt 4.648,38 Kilometer und zum Südpol 15.374,05 Kilometer.
Die Stadt (mit mindestens 500.000 Einwohnern), die am weitesten von Wien entfernt liegt, ist Sydney. 15.981 Kilometer trennen uns von der größten Stadt Australiens.

Das älteste Schaubergwerk Europas

ist im Keller des Technischen Museums zu finden – bis ins kleinste Detail original nachgebaut und immer noch funktionstüchtig.

Wien weltweit

Vor allem in den USA gibt es einige Städte, die nach Wien benannt sind – vermutlich von Auswanderern, die ein Stück Heimat mitnehmen wollten. In Missouri und Wisconsin gibt es ein Wien, in Alabama, Georgia, Ohio, Ontario (Kanada), South Dakota, Texas, Virginia, West Virginia und Wisconsin gibt es jeweils ein Vienna, New Vienna findet man in Iowa und Ohio und South Vienna ebenfalls in Ohio.

Rund 50 Wienerwaldbäche

fließen durch Wien, zwei Drittel davon unterirdisch.

Die Donau ist nicht nur der zweitlängste Fluss

in Europa (nach der Wolga), sie ist auch das längste Gewässer in Wien, rund 23,7 Kilometer fließt sie durch Wien (23,7 km linkes Donauufer, 19,2 km rechtes Donauufer). Der Länge nach folgen ihr die Neue Donau (21,1 km), die Liesing (18,1 km), die Alte Donau (17,5 km), der Donaukanal (17,3 km) und der Wienfluss (16,2 km).

Der Wasserstand der Donau

variiert in einem Jahr durchschnittlich um 4,41 Meter. Der höchste Wasserstand der vergangenen Jahre wurde am 5. Juni 2013 mit 8,09 Metern gemessen, der niedrigste Wasserstand am 7. Februar 2006 mit 1,67 Metern.

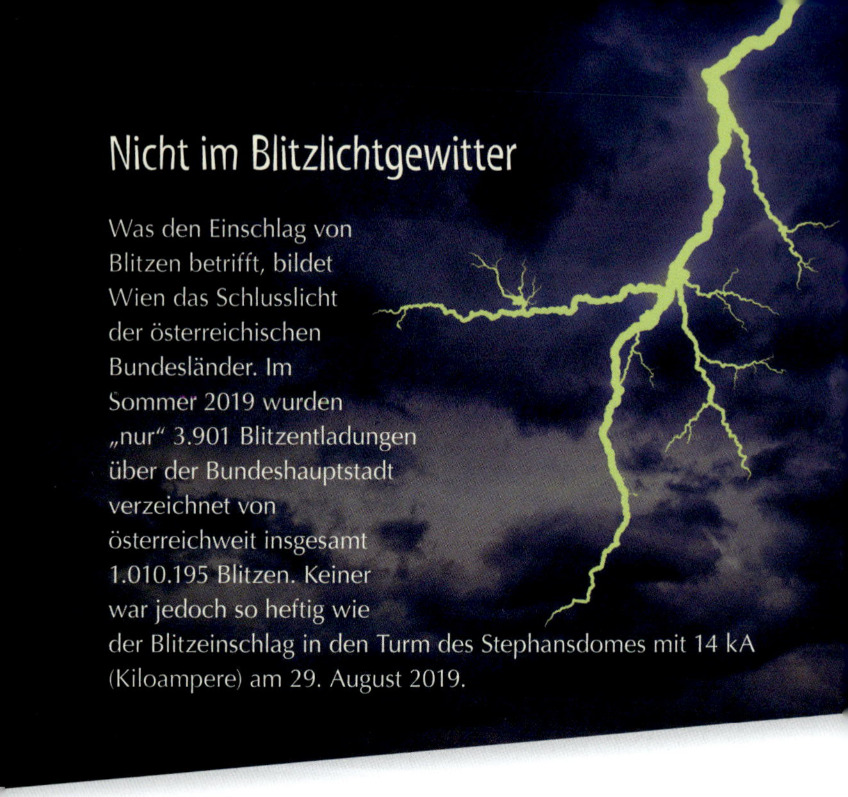

Nicht im Blitzlichtgewitter

Was den Einschlag von Blitzen betrifft, bildet Wien das Schlusslicht der österreichischen Bundesländer. Im Sommer 2019 wurden „nur" 3.901 Blitzentladungen über der Bundeshauptstadt verzeichnet von österreichweit insgesamt 1.010.195 Blitzen. Keiner war jedoch so heftig wie der Blitzeinschlag in den Turm des Stephansdomes mit 14 kA (Kiloampere) am 29. August 2019.

Der Wienfluss

ist durchschnittlich 20 Zentimeter tief. Seinen höchsten Wasserstand erreichte er am 13. August 2010 mit 2,27 Metern Tiefe. Seinen niedrigsten Wasserstand hatte er am 30. Oktober 2001 und am 21. August 2018 mit seichten fünf Zentimetern.

Kurioses

Skurrilitäten, Absurditäten, Ausgefallenes und Extravagantes – Wien ist voll davon! Witzige Sammelleidenschaften, wunderliche Verordnungen, einzigartige Ideen. Wien gibt es Ihnen heiß-kalt, mit einem Schmäh, der so charmant ist, dass man darüber schmunzeln muss, damals wie heute.

Die längste Straße in Wien

ist die Höhenstraße, sie misst fast 15 Kilometer (14.986 m). Die kürzeste Straße Wiens ist die Irisgasse in der Innenstadt mit gerade mal 17,5 Metern.

Als Joseph Haydns Geburtstag

ist der 1. April 1732 im Kirchenbuch von Rohrau eingetragen. Joseph Haydn selbst jedoch gab immer an, am 31. März geboren zu sein, weil er nicht als Aprilscherz durchgehen wollte.

Zum Trocknen hat Kaiserin Elisabeth

ihr fersenlanges Haar im Sommer über eine Art Wäscheleine gehängt.

Da fehlt doch was

In Wien gibt es im U-Bahn-Netz die Linien U1, U2, U3, U4 und U6, jedoch (noch immer) keine U5. Immer wieder gab es Pläne für die Führung einer U5, die von Hernals bis zur Ausstellungsstraße reichen sollte. Die geschickte U-Bahn-Planung umschiffte gekonnt die kostspielige Errichtung einer U5, indem andere U-Bahnen ausgebaut und die Pläne für die U5 immer wieder ad acta gelegt wurden. 2024 soll es aber endlich so weit sein und die U5 tatsächlich in Betrieb genommen werden.

Eine U-Bahn-Station nur für die Feuerwehr

Rein zu Übungszwecken wurde neben dem Kraftwerk Leopoldau die U-Bahn-Station „Kraftwerk Leopoldau“ vollkommen detailgetreu nachgebaut. Die Wiener Feuerwehr übt dort in erster Linie die Rettung von Menschen, die unter eine U-Bahn geraten sind.

Die erste Schneekugel

hat eigentlich mehr zufällig der Chirurgieinstrumenten-Mechaniker Erwin Perzy I. erfunden, als er mit Kaltlicht und einer mit Wasser gefüllten Schusterkugel experimentierte, um die elektrische Glühbirne zu verbessern. Für diese einmalige Erfindung erhielt Perzy 1900 sogar eine Ehrung von Kaiser Franz Joseph.

Im 17. Bezirk

findet man die Schneekugelmanufaktur von Perzy, die einzigartig ist in Europa und als Museum besichtigt werden kann. Seit 120 Jahren nun schon wird in dem Familienbetrieb die Original Wiener Schneekugel hergestellt. Mit ihrem Zauber zieht sie nicht nur unzählige Touristen in ihren Bann. Seit damals hat es noch nie eine Zeit gegeben, in der die Schneekugelmanufaktur geschlossen haben musste, außer im Frühjahr 2020 während der Corona-Krise. Der alteingesessene Traditions- und Familienbetrieb nahm jedoch geschickt auch auf dieses aktuelle Zeitgeschehen Bezug. So entstand die skurrile Kreation der Klopapier-Schneekugel mit der Botschaft am Sockel „#staysafe #stayhealthy #stayhome".

Golfsrudel gesichtet!

Der Wiener Rauchfangkehrer Josef Juza hat aus Liebe zum VW Golf seit über 25 Jahren rund 114 dieser Fahrzeuge gesammelt. Die größte Golf-Sammlung weltweit ist seit 2019, pünktlich zum 45. Geburtstag des Golfs, in einem Museum in Stockerau zu besichtigen.

Die älteste unterirdische Toilette der Welt

wurde 1905 am Graben erbaut. Sie steht heute unter Denkmalschutz und kann gegen eine geringe Gebühr heute immer noch benutzt oder einfach nur besichtigt werden. Denn die Jugendstil-Ausstattung ist einen Besuch allemal wert: Klobrillen aus Holz, Messingarmaturen, geschliffenes Glas. Und jede Toilettenkabine ist mit einem kleinen Waschbecken samt Seifen- und Handtuchspender ausgestattet!

Bis zum Frühjahr 1956

gab es in größeren und mittelgroßen Wiener Garten- und Parkanlagen, zum Beispiel im Volksgarten, rund 6.305 Leihsessel, für deren Benutzung man eine Gebühr, das „Sesselgeld", an die sogenannten Sesselfrauen zu entrichten hatte.

Im Wiener Museumsquartier

benannte man 2012 die Sitzmöbel, die im Innenhof aufgestellt wurden, nach der damaligen Prokuristin des MQ, Daniela Enzi. Die Enzis haben mittlerweile Kultstatus.

Die älteste Rodelstraße in Wien

ist seit den 1950er-Jahren die Schwenkgasse in Meidling. Schneit es einmal mindestens zehn Zentimeter, wird sie, wie auch andere Rodelstraßen, nicht geräumt, für den Verkehr gesperrt und man darf hier Rodeln. Zuletzt war dies im Winter 2013 möglich.

Neues Revier

Auf der Deponie Rautenweg in der Donaustadt, dem größten Müllareal Wiens, das über weite Strecken begrünt ist, wurde Anfang der 1990er-Jahre eine Herde der vom Aussterben bedrohten Pinzgauer Bergziegen angesiedelt, die sich hier auf den Wiesen zwischen Hausmüll, Sperrmüll und Kompost wie zu Hause fühlen. Zugleich ist das der Beweis dafür, dass die Deponie die Umwelt nicht gefährdet. Und ein wichtiger Wiener Beitrag zur Arterhaltung dieser alten Nutztierrasse. Gesunde Böcke werden nach einer gewissen Zeit in ihren ursprünglichen Lebensraum, das Salzburger Hochgebirge, ausgesiedelt.

Das erste Wachsfigurenkabinett

1784 wurde das Josephinum zum Studium der Medizin und Chirurgie eröffnet. Künftige Mediziner konnten an den lebensgroßen Wachsfiguren mit Echthaar anatomische Studien betreiben.

„Ganz Wien bleibt clean"

Für Ordnung und Sauberkeit sorgen in Wien 455.000 Abfallbehälter, 29.000 Papierkörbe und 15.000 Mistkübel.

1,2 Millionen Tonnen Müll

fallen jährlich in der Bundeshauptstadt an … Pro Tag werden rund 100.000 Behälter entleert.

„Nimm ein Sackerl für mein Gackerl"

3.648 Sackerlspender sind in ganz Wien verteilt. Immerhin kommen dadurch 100.000 „gefüllte" Hundekotsackerl pro Tag zusammen – ein Tropfen auf den heißen Stein bei bis zu zehn Tonnen Hundekot täglich.

50 hauptberufliche Waste Watcher

sind seit 2008 für ein sauberes Wien im Einsatz und haben seit damals 250.000 Einkaufswagerl eingesammelt – schiebt man diese alle zusammen, ergibt sich eine Länge, die der Distanz Wien–Melk entspricht, das sind rund 80 Kilometer.

Ohne Rauch geht's

anscheinend (noch) nicht – 128 Millionen „Tschickstummel" (Zigarettenstummel) landen pro Jahr im Müll.

Erholung für die Stadtbewohner

35.808 Kleingartenparzellen sorgen für ein Summerfeeling in Wien, 24.314 davon sind mittlerweile für ganzjähriges Wohnen geeignet. Die meisten Kleingärten gibt es in der Donaustadt (7.563), in Floridsdorf (5.482) und in Favoriten (3.731). Die Summe aller Kleingartenflächen entspricht der Größe der Bezirke Margareten und Ottakring zusammen. Die Kleingartenanlage Wasserwiese, am Rande des Praters gelegen, ist mit 874 Parzellen die größte in Wien.

Lottogewinn am Agnesbründl in Döbling!

Am Fuße des Hermannkogels (Sie wissen bereits, das ist der höchste Punkt Wiens) befindet sich eine kleine Quelle, um die sich viele Legenden ranken. So sollen im Wasser die richtigen Lottozahlen auftauchen, sobald man seine Augen mit dem Wasser der Quelle benetzt.

Der Gebäudebestand in Wien

hat sich von 1951 (67.292 Gebäude) bis 2011 (164.746 Gebäude) mehr als verdoppelt. Der Bezirk, der in den vergangenen Jahrzehnten am meisten gewachsen ist, ist Liesing (3,5 Mal gewachsen in 60 Jahren) und der Bezirk, in dem die meisten Gebäude errichtet worden sind, ist der 22. Bezirk (Donaustadt) – hier ist die Gebäudeanzahl von 8.841 (1951) auf 29.900 (2011) angestiegen.

Das größte Palmenhaus Europas

steht im Schlossgarten von Schönbrunn.

Wiens älteste öffentliche Parkanlage

ist der 1892 eröffnete Stadtpark.

Das Gasthaus „Zum Walfisch“

war eine der legendären Gaststätten des Praters. Um in den Gastgarten zu gelangen, musste man Ende des 19. Jahrhunderts durch ein Tor gehen, das aus dem Unterkiefer und der Rippe eines im Beringmeer gefangenen Walfischs bestand. Im Zweiten Weltkrieg wurde dieses Tor zerstört, danach (1950) montierte man jedoch einen riesigen metallenen Wal über dem Eingang des neu errichteten Gasthauses. Als das Gasthaus geschlossen und abgerissen wurde, wurde der stadtbekannte, zehn Meter lange, 1 bis 1,5 Tonnen schwere Walfisch, der bereits als ein Praterwahrzeichen galt, nach einer kleinen Odyssee schließlich ins Wien Museum verfrachtet.

Die größte Sammlung von Zauberkästen der Welt

kann in Meidling bestaunt werden, ganz in der Nähe von Schönbrunn (12. Bezirk, Schönbrunner Straße 262). 3.000 Zauberkästen entführen in eine magische Welt. Bei einer Führung gibt es auch einige Zaubertricks zu sehen.

Die Feuerwerkswiese im Prater

wurde in den 1860er-Jahren zu einer Bühne für Menagerien, aber auch für Kuriosa und für eine Art „Menschenzoo". So war ab 1871 ein „dickbäuchiger Tiroler" dort zu sehen, der gemeinsam mit Seehunden und anderen Tieren seine Auftritte hatte.

Das einzige Wiener Schulmuseum

entstand 2001 in der ehemaligen Volksschule von Breitenlee. Es ist nicht mehr eine Sammlung von Lehrbüchern wie noch im 19. Jahrhundert, sondern seit 1903 eine Sammlung von historischen Materialien wie zum Beispiel dem Rohrstaberl, mit dem Schüler bestraft wurden, wenn sie sich nicht ordnungsgemäß verhielten.

Der Schriftsteller Karl May

hielt am 22. März 1912 auf Einladung des Akademischen Verbandes für Literatur und Musik einen pazifistischen Vortrag in Wien: „Empor ins Reich der Edelmenschen". Auch die Friedensnobelpreisträgerin Bertha von Suttner sowie ein arbeitsloser Maler namens Adolf Hitler waren im Publikum. Nur eine Woche später starb Karl May an einer starken Bronchitis, die er sich in Wien zugezogen hatte.

Im Hadikpark in Penzing

befindet sich der Jungbrunnen von Rudolf Panholzer, errichtet 1913. Ob er tatsächlich verjüngend wirkt, kann nicht bestätigt werden, da sein Wasser nicht als Trinkwasser deklariert ist.

Unter dem Leopoldinischen Trakt der Hofburg

ist der Gipskeller zu finden. Dort lagern die Gipsfiguren, die als Modellentwürfe für alle Skulpturen der bedeutendsten Bildhauer und Architekten des Historismus dienten, die die Wiener Ringstraße in Gestalt von Denkmälern und deren Prunkbauten zier(t)en. Zu Kaiserzeiten war in diesen unterirdischen Räumlichkeiten der kaiserliche Weinkeller untergebracht.

Die größte Apple-Sammlung der Welt

besitzt der Wiener PC-Techniker Roland Borsky (*1965). Der große Apple-Fan plant ein MacMuseum mit der ganzen Geschichte vom Apple I bis heute.

Die weltweit erste Porzellanbriefmarke

präsentierte die Post am 20. März 2014 in der Porzellanmanufaktur Augarten. Kein Wunder, denn für die elf Gramm schwere Spezialbriefmarke mit dem Nominalwert von 5,90 Euro, die nur 150.000 Mal hergestellt wurde, wurde der Porzellandekor „Wiener Rose" gewählt.

Gartenluft und Rosenduft

Das Burgtheater hat seit 1888 ein einzigartiges Belüftungssystem, das auch patentiert ist: Gleich vis-à-vis im Volksgarten steht eine runde Luftansaughütte, von den Wienern „Schwammerl" genannt (wie der Schubert Franzl), unter deren Dach sich eine große Luftschleuse befindet. Die im Zuschauerraum verbrauchte Luft wird durch ein Gitter beim Kristallluster vom „Blasengel" auf der Burgtheater-Kuppel ins Freie hinaufgesogen.

Auf dem steilen Burgtheater-Dach

standen bis 1977 Duschen und Toiletten, damit die Schauspieler in den Proben-Pausen ein Sonnenbad nehmen konnten.

Makaberes

Auch das Morbide ist in Wien zu Hause. Aber es ist sehr nett und menschlich und trägt immer einen Witz und ein Lächeln auf den Lippen und kümmert sich um alle Menschen. „Der Tod, das muss ein Wiener sein", stellt Georg Kreisler in einem seiner Lieder fest. Mit dem goldenen Wiener Herz.

Die Körper Verstorbener aus dem Hause Habsburg

wurden an drei verschiedenen Orten bestattet: Die Herzen kamen ins „Herzgrüfterl" in der Augustinerkirche (wo sie sich heute noch befinden, in 54 silbernen Urnen), die Eingeweide kamen in Kupferurnen verschlossen in die „Herzogsgruft" in den Katakomben des Stephansdoms und „der Rest" wurde einbalsamiert und kam in die Kapuzinergruft.

Der Zentralfriedhof

ist mit seiner Fläche von 2,5 km^2 und mehr als 330.000 Gräbern, in denen drei Millionen Menschen bestattet sind, der zweitgrößte Friedhof Europas. Wiens riesige Totenstadt wurde 1874 in Simmering gegründet.

Sicher ist sicher

In Wien hatte man – vor allem im 18. Jahrhundert – große Angst davor, lebendig begraben zu werden. Daher wurde eine mit einem Glockenzug verbundene Schnur straff um das Handgelenk des Verstorbenen gebunden. Schon beim kleinsten Anzeichen von Leben sollte ein akustisches Zeichen gegeben werden. Aus dem Jahr 1828 ist eine Skizze eines Rettungsweckers erhalten, mit dem wiedererwachte Scheintote auf sich aufmerksam machen konnten. Es ist jedoch nicht bekannt, ob dieser Wecker je einen Scheintoten tatsächlich gerettet hat. Wer ganz sicher gehen will, kann auch heute noch den Herzstich um 300 Euro bestellen. Der Dramatiker Johann Nestroy und der Literat Arthur Schnitzler entschieden sich für diesen Eingriff, um sich ihren Tod so zu sichern.

Der Friedhof St. Marx

ist die einzige noch erhaltene Biedermeier-Begräbnisstätte Wiens. Auch heute noch bezaubert er durch seine hochromantische Atmosphäre.

Durchgefallen

Der ökonomisch denkende Regent Kaiser Joseph II. verordnete 1784 den „Sparsarg“, ein recyclebarer, wiederverwendbarer Sarg mit einer Klappe auf der Unterseite, durch die der Tote ins Grab befördert werden konnte. Die Wienerinnen und Wiener lehnten diese geniale Erfindung jedoch strikt ab.

Der Friedhof der Namenlosen

bei Stromkilometer 1.918 im Alberner Hafen ist die einzige Begräbnisstätte der Welt, die einzig für die Opfer eines Flusses geschaffen wurde. Der Ort wurde nicht zufällig gewählt, denn an genau dieser Stelle sammelte bis 1939 ein Wasserwirbel an die 600 leblose Körper ein. Mehr als die Hälfte der Ertrunkenen, die hier angeschwemmt wurden, konnte nicht identifiziert werden, daher der Name des Friedhofs.

Zweitverwertung

Vor längerer Zeit war es üblich, alte Grabsteine von aufgelassenen Gräbern als Baumaterial weiterzuverwenden. So finden sich entlang des Wienflusses zwischen Hietzing und Penzing zahlreiche recycelte Grabsteine, aber auch an der Liesing. Zum Teil sind ihre Inschriften noch gut lesbar.

Wiens Katakomben

Bis 1783 war es erlaubt, die Toten innerhalb der Stadtmauern zu begraben. Die Katakomben, Wiens einziger unterirdischer Friedhof, befinden sich direkt unter dem Kirchenbau des Stephansdoms und beherbergen 30 Grabkammern, die einst mit den Skeletten und Gebeinen von 10.000 Verstorbenen gefüllt waren.

Kostspielig

In der Michaelergruft tauchte eine Rechnung für Mozarts Totenmesse auf. Der Betrag war dermaßen stattlich, dass wir schon alleine deshalb wissen, dass der Komponist bei seinem Tod nicht arm gewesen sein kann.

Wissenschaftliches

Als ob Wien das ideale Pflaster zum Erfinden und Entdecken wäre, zogen von hier aus viele interessante und wegweisende Sachen hinaus in die weite Welt. Zugleich ist Wien ein Zentrum für die Forschung und für wissenschaftliche Studien.

Angespitzt

Der Name Joseph Hardtmuth (1758–1816) ist in aller Schülerhände – er hat 1804 den Bleistift erfunden, so wie wir ihn kennen: ein Schreibstift mit einem Kern bzw. einer Mine aus einer Mischung von Graphit und Ton. Die unterschiedlichen Härtegrade entstehen durch das Brennen bei hohen Temperaturen. Die Hardtmuthgasse in Inzersdorf erinnert an ihn. Auch eine Masse zur Herstellung von Speisegeschirr hat er 1798 entwickelt, die unter der Bezeichnung „Wiener Steingut“ bekannt geworden ist.

Rudolph Spitaler

entdeckte zwischen 1890 und 1892 in der Universitätssternwarte über 70 Nebelflecke, später wurden diese als Galaxien identifiziert. 1890 fand er außerdem einen periodischen Kometen, der als 113P/Spitaler bezeichnet wird.

Der Wiener Planetenweg

vom Österreichischen Astronomischen Verein beginnt in Mauer am Ende der Wittgensteinstraße und verläuft entlang der Mauer des Lainzer Tiergartens. Will man das gesamte Sonnensystem in einem durchwandern, braucht man für die fast sechs Kilometer rund 1,5 Stunden in eine Richtung – von der „Sonne" in Mauer bis zum „Pluto" in Laab am Walde. Das Sonnensystem ist im Verhältnis 1:1 Milliarde dargestellt, d.h. 1 Millimeter entspricht 1.000 Kilometern.

Nobelpreisträger

In Wien tanzt man nicht nur auf den unzähligen Bällen, auch in den Bienenstöcken wird gewalzt. Durch diese tanzartigen Bewegungen kommunizieren die Bienen und „erzählen" ihren Kolleginnen etwa von Futterquellen in der Umgebung. Entdeckt hat diesen Bienentanz der Wiener Forscher Karl von Frisch, der 1973 für seine herausragenden Erkenntnisse über die Sinneswahrnehmung der Honigbienen gemeinsam mit den Verhaltensforschern Konrad Lorenz und Nikolaas Tinbergen den Nobelpreis für Medizin erhielt.

Näh-Pionier

Der Kufsteiner Josef Madersperger (1768–1850) kam nach Wien, als das Haus der Familie abgebrannt war. Hier tüftelte er an einer Konstruktion, die das Nähen maschinell erleichtern sollte und 1815 erhielt er endlich nach jahrelangem Forschen ein Patent auf seine Erfindung, die Nähmaschine. Dieses währte allerdings nur drei Jahre, weil ihm das Geld für die anfallenden Gebühren fehlte. Daraufhin gelang ihm ein Meisterstück, indem er eine Nähmaschine konstruierte, die aus einer Nadel mit einem Öhr und einem die Naht fixierenden Kettfaden bestand – er schenkte seine Erfindung dem Polytechnischen Institut und bekam als „Anerkennung“ nur eine Bronzemedaille, sonst nichts. Er starb völlig verarmt, obwohl er das Schneiderhandwerk vollkommen revolutionierte.

Auto-Pionier

Der aus Böhmen stammende Autokonstrukteur Ferdinand Porsche (1875–1951), der nur ein paar technische Vorlesungen an der TH Wien besuchte, arbeitete ab 1899 (bis 1904) bei den Lohner-Werken in Wien. Im selben Jahr baute er dort sein erstes Elektroauto, nur ein Jahr später, 1900, den Lohner-Porsche, das weltweit erste Fahrzeug mit Allradantrieb und 1902 bereits das erste Hybridfahrzeug der Welt.

Architektonisches

Was Baustile anbelangt, war Wien auch stets federführend. Ob als Drehscheibe des Art Déco, des Jugendstils oder als Plattform für mutige Architekten und Baumeister. Ob für den Bau von Palais, von himmelhohen Türmen zum Wohnen und Arbeiten oder von unterirdischen Gleisverbindungen.

Offene Häuser

Wenn man im 18. Jahrhundert den Innenhof eines Bürgerhauses betrat, stand man in einem schlichten Hof, umsäumt von Pawlatschen (von „pavlać, tschechisch, offener Hauseingang) aus Holz, deren schmale, umlaufende (Lauben-)Gänge die Wohnungen mit dem Stiegenaufgang verbanden. Dort, im geschützten Bereich des Hauses, fanden das Leben und die Kommunikation statt, dort trafen sich alle, dort war der Lebensmittelpunkt der Mieter. Beim Wäscheaufhängen und Wasserholen vom gemeinsamen Hausbrunnen wurde getratscht und gestritten. Vor allem im 1. Bezirk findet man im „Gasslwerk" hinter dem Stephansdom noch immer diese alten, nun liebevoll restaurierten Pawlatschenhäuser, deren gepflegte und begrünte Innenhöfe zum Staunen einladen.

Mini-Wien – ein Nachbau der Wiener Innenstadt

aus Papier und Karton im Maßstab 1:450 ist im Wien Museum zu bewundern. 1898 wurde es präsentiert, zum 50. Thronjubiläum von Kaiser Franz Joseph. Die handbemalten, detailgetreuen Bauten werden ein Mal pro Jahr ganz vorsichtig abgesaugt.

829 Brücken

gibt es in Wien. Das sind doppelt so viele Brücken wie in Venedig.

Das Museumsquartier (MQ)

zählt zu den zehn größten Kulturarealen der Welt.

Am Wasser gebaut

ist der DC-Tower in der Donau City von Dominique Perrault. Mit seinen 250 Metern ist er das höchste Bürogebäude Österreichs und fast doppelt so hoch wie der Stephansdom. Nur der Donauturm im Donaupark überragt ihn mit seinen 252 Metern Höhe um zwei weitere Meter und ist damit das höchste Bauwerk Österreichs. Das höchste Wohnhaus misst 150 Meter und ist das Hochhaus Neue Donau in Donaustadt (22. Bezirk).

In der Herrengasse 6–8

steht das einzige Hochhaus der Wiener Innenstadt mit 16 Stockwerken und 52 Metern Höhe. Es ist so gut wie nicht sichtbar, weil sich die Stockwerke nach oben hin verjüngen – aus diesem Grund wird es auch „das unsichtbare Hochhaus" genannt. Es wurde Anfang der 1930er-Jahre erbaut und vom Architektur-Künstler Harald Gach im Herbst 2019 aus Lego in nicht ganz drei Stunden nachgebaut.

Wiens erste Heurigen-Lounge

mit Blick auf den Weingarten findet man im Heurigenlokal von Johannes Wiltschko in Mauer.

Das Wiener Riesenrad

war mit seinen 64,75 Metern Höhe lange Zeit (1897–2006) das größte Riesenrad der Welt, bis es 2006 vom Stern von Nanchang in China abgelöst wurde, der 95 Meter höher ist. Seit der Errichtung des 135 Meter hohen London Eye 2013 in Großbritannien rangiert es „nur mehr" auf Platz vier weltweit und ist in Europa auf Platz zwei gerutscht.

Die Seestadt Aspern

entwickelt sich himmelwärts. Sie zählt zu den größten städtebaulichen Projekten Europas. Mit HoHo Wien wurde dort auch das weltweit einzige und somit höchste Holzhochhaus mit 24 Stockwerken und einer Höhe von 84 Metern errichtet.

Wiens einziges Wasserschloss

ist das barocke Schloss Laudon in Penzing, erbaut 1774. Die berühmten Berglfresken, die man dort besichtigen kann, sind erst 1963 von Schloss Donaudorf in Ybbs dorthin gebracht worden.

Der Wiener Würfel

ist keine Süßspeise, sondern ein Pflasterstein, der früher einmal am häufigsten verlegt wurde. Seine Kantenlänge beträgt 18 Zentimeter und er besteht meist aus Granit.

Spiel mit großen Betonklötzen

Die Wotrubakirche am Georgenberg in Mauer (auf 328 m Höhe, Liesing) besteht aus 152 rohen Betonblöcken in der Größe zwischen 0,84 m^3 und 64 m^3, der höchste Block misst 13,10 Meter. Die Initiatorin dieses Kirchenbaus im Stil des „Brutalismus" war Margarethe Ottilinger. Sie wollte, dass der Besucher geschockt ist, wenn er vor der Kirche steht, und dass er sich zu Gott erheben kann, wenn er hineingeht, so licht und hell soll die Kirche innen sein. An ihrer Stelle befand sich zuvor eine Kaserne für die Luftnachrichtentruppe, die 1949 abgerissen wurde.

Schon vom Schokoladenhaus genascht?

Den Wienern auch als Lebkuchenhaus bekannt, steht es in der Wattmanngasse in Hietzing. Die braunen Majolika-Verzierungen an der Fassade des Jugendstilhauses bilden schöne reliefartige Figuren, die wie aus Schokolade gemacht aussehen. Das Haus wurde übrigens von Ernst Lichtblau erbaut, einem Schüler von Otto Wagner.

Im Palaisviertel in der Herrengasse

wurden die meisten und die schönsten Palais erbaut, wohl für all die „Herr"schaften, die die Nähe zur kaiserlichen Hofburg genießen wollten: Batthyány, Daun-Kinsky, Herberstein, Modena, Mollard-Clary, Porcia, Trauttmansdorff und Wilczek.

Das Palais Ferstel

in der Herrengasse wurde erst 1982 nach seinem Architekten und Erbauer, Heinrich von Ferstel, benannt. Es ist historisch betrachtet eigentlich kein Palais, sondern war ursprünglich Nationalbank und Börsengebäude, sogar ein Kaffeehaus war bereits eingeplant (1982 wurde es als „Café Central" neu eröffnet) sowie ein Basar (heute finden wir dort die Ferstel Passage). Die Baukosten inklusive der Innenausstattung machten die unglaubliche Summe von 1.897.600 Gulden aus, das sind heute umgerechnet rund 25 Millionen Euro.

Da muss man durch

150 Durchhäuser gibt es in Wien – das sind private Häuser, durch die man öffentlich durchgehen darf und sich dadurch so manche (Um-)Wege ersparen kann. Sie verbinden größere Straßen miteinander.

Skandalbau

Als der Architekt Adolf Loos 1910 das Looshaus erbaute, gab es einen großen Skandal und es wurde ein Baustopp verhängt, denn der schlichte, ornamentlose Architekturstil gefiel nicht. Mit Blumenkästen wirkte Loos der „unanständigen Nacktheit" entgegen. Er durfte den Bau fortsetzen und 1912 fertigstellen. Kaiser Franz Joseph soll seitdem die Ausfahrt über den Michaelerplatz vermieden und sogar die Fenster der Hofburg vernageln haben lassen, um sich den Anblick des „scheußlichen" Hauses zu ersparen. Heute ist das Looshaus, von den Wienern damals „Haus ohne Augenbrauen" genannt, eines der wichtigsten Gebäude der Wiener Moderne.

Der Südturm des Stephansdoms

war mit 137 Metern Höhe über 50 Jahre lang das höchste Gebäude Europas.

Der Naschmarkt übersiedelte

1913 vom Karlsplatz auf die weitläufigeren Freihausgründe am Wienfluss.

Klein-Venedig

„Wir gehen heute Abend nach Venedig!“, sagte man einst. „Venedig in Wien“ wurde als einer der ersten Themenparks der Welt am 18. Mai 1895 im Prater eröffnet. Das 50.000 m^2 große Areal war südlich der heutigen Kaiserwiese gelegen. Der Glanz historischer Palazzi und eines einen Kilometer langen Kanals mit Gondeln, bewegt von echten venezianischen Gondolieri, bestand nur sechs Jahre.

Mit System

1970 wurden der Architekt Wilhelm Holzbauer und das Architektenteam Marschalek-Ladstätter-Gantar zur Architektengruppe U-Bahn (AGU) zusammengeführt, die gemeinsam mit der Gestaltung der Wiener U-Bahn-Linien betraut wurden. So entstand nicht nur das einheitliche „Wiener System“ (dunkler Gleisbereich – heller Fahrgastbereich, mit einem Lichtband über der Bahnsteigkante, das die optische Trennung unterstreicht), das sich durch alle U-Bahnen durchzieht – auch der blaue U-Bahn-Würfel, der über der Erde auf die U-Bahn-Stationen hinweist, wurde von der AGU entwickelt und prägt seitdem das Wiener Stadtbild.

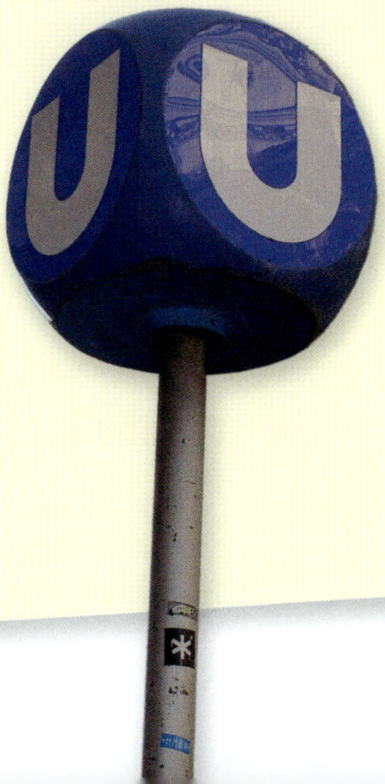

Mobiles

Wien ist mobil. Alles ist schnell und gut zu erreichen, ob zu Fuß, per Rad oder mit den „Öffis“. Bewegte Menschen bewegen mehr, über und unter der Erde, mit eigener (Bein-)Kraft oder bequem mit Bim, Bus oder U-Bahn.

Die heutige Strecke der Straßenbahnlinie 43

ist zugleich die Strecke der „Ersten privaten Kaiser-Franz-Joseph-Pferde-Eisenbahn“, die am 4. Oktober 1865 ihren Betrieb zwischen Schottentor und Hernals und ein Jahr später bis Dornbach hinaus aufgenommen hat.

Die erste Zahnradbahn Österreichs

führte von 1874 (eröffnet am 7. März) bis zum 16. September 1919 im Regelbetrieb mit einer Höchstgeschwindigkeit von 12 km/h von Nussdorf über das Krapfenwaldlbad auf den Kahlenberg hinauf: die dampflokgetriebene Kahlenbergbahn.

Linksverkehr

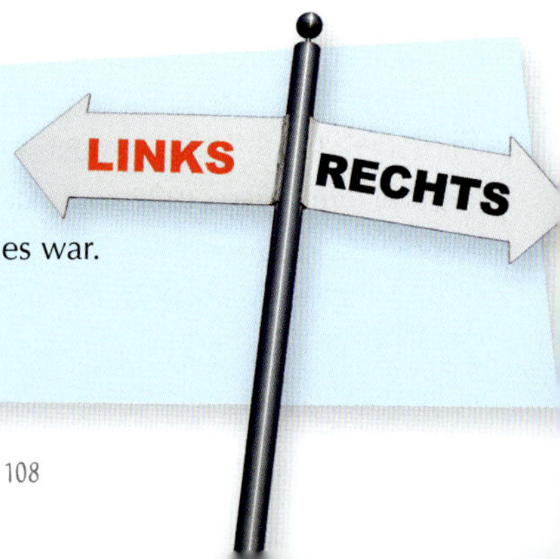

in Wien, das war einmal, aber es war. Bis 1938. Danach erfolgte die Umstellung auf Rechtsverkehr.

Die Wiener Linien

bauen seit 1865 unermüdlich an einem guten und dichten Netz an öffentlichen Verkehrsmitteln. Auf einer Gesamtlänge von mehr als 1.150 Kilometern fahren fünf U-Bahn-Linien, 28 Straßenbahnlinien und 129 Buslinien. Rund 966 Millionen Fahrgäste nutzen die „Öffis".

Bereits 1911

dachte man darüber nach, den Verkehr unter die Erde zu verlegen. Nach langen Diskussionen wurde 58 Jahre später, 1968/69, doch mit dem Bau der U-Bahn am Karlsplatz begonnen. Am 8. Mai 1976 fuhr schließlich das allererste Mal eine U-Bahn durch die Stadt: von Heiligenstadt bis zur Friedensbrücke auf 2,5 Kilometern Länge.

Kreuz und quer durch Wien!

Sechs Jahre später (1982) war das Grundnetz der U-Bahn mit U1 (Reumannplatz–Kagran), U2 (Karlsplatz–Schottenring) und U4 (Heiligenstadt–Hütteldorf) fertiggestellt. 39 Stationen auf 30 Kilometern.

Die beliebten Doppeldeckerbusse

der Linien 67A, 35A, 59A und vor allem der Linie 13A kurvten bei den Wiener Linien von 1960 bis 1991 durch Wiens Straßen und Gassen. Die Chauffeure der Stockautobusse hatten wirklich Fahrtalent und bekamen oft Applaus, wenn sie etwa an in zweiter Spur parkenden Autos gut vorbeigekommen sind.

Auf rund 1.400 Kilometern

Radwegen, Radfahrstreifen und Radrouten kann man sich umweltfreundlich auf Erkundungstour durch die Stadt begeben.

Rechenaufgabe

Rechnen wir alle von den Wiener Linien zurückgelegten Kilometer zusammen, kommen wir auf die Summe von ganzen fünf Weltumrundungen – täglich!

Sportliches

Es lebe der Sport, sang schon Rainhard Fendrich. Er hält uns gesund und fit. Einfallsreich sind die Wiener auch hierbei. Je mehr wir passiv bewegt werden, desto mehr Bewegung brauchen wir aktiv.

Ganz oben!

Seit 1909 kann man über den Dächern der Stadt Eislaufen – die weltweit älteste Kunsteisbahn Engelmann im 17. Bezirk macht es möglich! Im Sommer verwandelt sich die Eisbahn in Wiens höchstgelegenen Fußballplatz.

Die Anzahl der Bäder in Wien

hat sich in den letzten Jahren ganz schön reduziert. Vor rund 25 Jahren gab es in Wien noch 50 Bäder, 2018 waren es nur mehr 39 Bäder. Dennoch hat sich die Anzahl der Badegäste deutlich erhöht: In den Sommerbädern nutzten 1993 1,9 Millionen Menschen den Badespaß im Freien, 2018 waren es bereits 2,6 Millionen Sommerbadegäste. Vor allem die Familienbäder verzeichnen einen enormen Zuwachs: 1993 kamen 77.094 Menschen zum Schwimmen, 2018 waren es gar 271.660 Menschen, die in die Bäder strömten.

Die meistbesuchten Sportveranstaltungen

sind, man kann es sich schon denken, Fußballspiele. Erst mit einem sehr, sehr langen Abstand folgen Eishockey, American Football, der Pferdesport und Handball.

Das älteste bestehende Hallenbad

ist das Jörgerbad. 1914 wurde es als Kaiser-Franz-Josephs-Bad eröffnet. Als eines der ersten Bäder Europas verfügte es über ein Dach, das man fast komplett öffnen konnte, was heute jedoch aus technischen Gründen nicht mehr möglich ist. Frauen und Männer badeten hier nicht getrennt. Auch das erste Kinderbecken Wiens gab es hier.

Auf der Himmelhofwiese

in Hietzing befand sich Wiens letzte Schisprungschanze. Sie brannte 1980 ab.

Der erste Wien-Marathon

fand am 25. März 1984 als „1. Wiener Frühlingsmarathon“ mit 1.550 Teilnehmern statt. 794 Sportler liefen damals ins Ziel ein. Seit 1993 trägt er den Namen „Vienna City Marathon“ und mittlerweile nehmen rund 42.000 Läufer am größten Marathon Österreichs teil.

Der älteste Fußballverein Wiens

und zugleich ganz Österreichs ist die Vienna in Döbling (19. Bezirk). Für sie ging sogar ein Fußballweltmeister auf den Rasen, der einzige, der je in Wien spielte: Der Argentinier Mario Kempes spielte im Stadion auf der Hohen Warte von 1986 bis 1987 für die Vienna.

Fauna und Flora

Wien ist nicht nur die grünste, sondern bestimmt auch die artenreichste Stadt der Welt. Die Natur lässt sich nicht an den Stadtrand verbannen, sie nimmt die Stadt ein, voll und ganz. Überall kreucht und fleucht, grünt und blüht es. Tiere und Pflanzen fühlen sich wohl in Wien. So können sich auch die Menschen wohlfühlen in der Stadt.

Schon einmal mit einem Blauen Wiener gekuschelt?

Keine Sorge, es handelt sich um eine mittelgroße Kaninchenrasse, die Wienerkaninchen, die hier erstmals gezüchtet wurden. Es gibt Weiße, Blaue, Graue, Blaugraue und Schwarze Wiener.

Für Hund und Katz' ist auch noch Platz!

Neben 1,9 Millionen Menschen leben rund 1,5 Millionen Katzen und mehr als 55.100 Hunde in der Stadt.

Auf 33 in Wien lebende Menschen

kommt durchschnittlich ein Hund. Der Bezirk Donaustadt führt dabei die Liste der meisten Hundebesitzer an: Hier kommt auf 22 Wiener ein Hund. Die wenigsten Hunde gibt es in den Bezirken Margareten (5. Bezirk), Rudolfsheim-Fünfhaus (15. Bezirk) und Neubau (7. Bezirk).

Rund 30 Prozent

der Fläche von Wien stehen unter Naturschutz. Innerstädtisch ist der Prater das einzige Landschaftsschutzgebiet mit 513 Hektar, das sind 1,2 % der Gesamtfläche Wiens.

Es grünt so grün!

In Wien wachsen insgesamt etwa 8.500.000 Bäume. So kommen auf einen Wiener über 4,5 Bäume! Zu 18 % besteht Wien aus Wald, das sind rund 7.961 Hektar und durch die durchschnittliche Anzahl an Bäumen pro Hektar kommen wir auf etwa 8 Millionen Bäume in den weitläufigen Waldflächen. Die restlichen ca. 485.000 Bäume werden von den Stadtgärtnern der Magistratsabteilung 42 (MA 42) betreut, 90.745 Bäume davon stehen direkt an öffentlichen Straßen und Alleen und 192.571 Bäume in Wiener Parks. Aber den Wiener Gärtnern wird auch sonst nicht langweilig, immerhin verschönern sie mit 360.000 Frühjahrsblühern, 1,5 Millionen Sommerblumen und 60.000 Herbstblumen die ganze Stadt.

Mehr als die Hälfte des Wiener Stadtgebietes

(rund 53 %) ist Grünland, das sind rund 210 km². Gärten, Parks, der Wienerwald und landwirtschaftlich genutzte Flächen zählen dazu. Zu verdanken hat das Wien vor allem seinem berühmten Grüngürtel, dem Wienerwald, der sich gemeinsam mit der Lobau in vielen Hektar Wald um die Stadt legt.

Die Grünflächen der Innenbezirke

umfassen 318 Hektar – das ist etwa ein Sechstel der Gesamtfläche.

Den größten Anteil an Grünflächen

insgesamt (Landwirtschaft, Park- und Grünanlagen, Friedhöfe, Wälder, Wiesen, Sport-, Bad- und Campingflächen) hat Donaustadt (22. Bezirk) zu verzeichnen mit 5.608,7 Hektar (57 km²), gefolgt von Hietzing (2.651,2 ha = 26,5 km²) und Penzing (2.022,2 ha = 20,2 km²). Das wenigste Grün bieten die Bezirke Josefstadt (2 ha), Mariahilf (3 ha) und Neubau (3,7 ha).

Der Bezirk mit dem größten Anteil

an Parks, Grünanlagen und Friedhöfen ist Simmering (11. Bezirk). Stolze 307 Hektar zählt er zu seinen Grünflächen, wobei der Zentralfriedhof hier wesentlich dazu beiträgt. Beinahe genauso groß ist der Waldanteil der Leopoldstadt (2. Bezirk) mit 303,1 Hektar, zu denen der Prater den Hauptanteil beisteuert. Den größten Anteil an Wäldern weist Hietzing (13. Bezirk) auf mit 2.073,3 Hektar – dem Lainzer Tiergarten sei es gedankt, den größten Anteil an Wiesen hat Donaustadt (22. Bezirk) mit 866,4 Hektar.

Im Mai 2010

gelang dem Tiergarten Schönbrunn etwas Unglaubliches, die weltweit erste Nachzucht der Nördlichen Batagur-Flussschildkröte, die heute zu den drei seltensten Schildkrötenarten der Welt zählt und von der es nur mehr wenige erwachsene Tiere gibt, man nimmt an, nicht mehr als 15 Weibchen.

Saubere Sache

Wien ist eine international anerkannte Hauptstadt des Umweltschutzes. Abfallentsorgung und Luftreinigungsmanagement spielen eine bedeutende Rolle.

Die weltweit erste Nachzucht

von Winkerfröschen, die aus Borneo kommen, gelang 2011 ebenfalls dem Tiergarten Schönbrunn. Sie winken tatsächlich, das ist ihre Art der Kommunikation.

Zufälliger Fund im Tiergarten Schönbrunn

Im Boden des Regenwaldhauses wurde eine neue Schneckenart aus Borneo entdeckt. Die Schneckenhäuser der drei Millimeter großen Schnecken und auch ihre inneren Organe unterscheiden sich maßgeblich von allen anderen Schneckenarten. Die neue Gattung wurde nach dem Leiter des Regenwaldhauses, Harald Schwammer, benannt und trägt den Namen „Schwammeria".

Als erster Elefant

zog Soliman 1552 in die Stadt ein. Halb Wien wollte damals live dabei sein.

Wohlriechendes Elefantenglück

lässt Blumen und Gemüse gedeihen! Die Elefanten aus dem Schönbrunner Zoo „liefern" täglich rund 30 Kübel milden Dung. Dieser wird in 5-Liter-Kübel abgefüllt und über den Wirtschaftshof oder direkt von den Elefantenpflegern für 3,50 Euro pro Kübel verkauft.

Ein Relikt aus der Römerzeit

ist das älteste Naturdenkmal und damit der älteste Baum Wiens: Die 1000-jährige Eibe wächst als Rest eines Eibenhaines im Garten des Patentamtes am Rennweg 12 im 3. Bezirk (Landstraße), der nicht öffentlich zugänglich ist. Seit 1936 steht sie unter Naturschutz.

An der Morgenländischen Platane am Rennweg 14

im 3. Bezirk ging regelmäßig Wolfgang Amadeus Mozart vorbei, um im Haus nebenan Klavierunterricht zu geben. Der über 270 Jahre alte Baum wird daher heute als Mozart-Platane bezeichnet. 1746 wurde er gepflanzt und ist jetzt 23 Meter hoch.

Jahr für Jahr

strömen 1,25 Millionen Menschen in das Erholungsgebiet am Wienerberg, 1,2 Millionen Menschen in den Nationalpark Donau-Auen – vor allem in die Lobau – und 800.000 Menschen in den Lainzer Tiergarten.

Die meisten Naturdenkmäler

befinden sich in Döbling (19. Bezirk): 82 (von insgesamt 424) Einzel-, Gruppen- und flächige Naturdenkmäler sind dort im Laufe der Jahre und Jahrhunderte gewachsen.

Die häufigsten Baumarten

Man kann zwar nicht sagen, dass man den Wald vor lauter Bäumen nicht sieht in Wien, aber der häufigste an Straßen angepflanzte Baum ist der Ahorn (insgesamt 25.065 – die meisten davon wachsen in Floridsdorf, 3.497 an der Zahl). Gefolgt von der Linde (15.083 – die meisten davon in Döbling, 1.446) und der Rosskastanie (10.268 – die meisten hiervon, 3.753, in der Leopoldstadt, natürlich im Prater, deren Blüte ein Naturschauspiel ist!). In letzter Zeit werden vermehrt die robusten und Trockenheit erprobten Zürgelbäume gepflanzt, 3.247 davon gibt es bereits in Wien, die meisten derzeit in der Inneren Stadt (680).

Grünste Stadt der Welt

990 Parks und Grünanlagen laden zum Verweilen und Durchatmen ein. 280 Parks und Gärten davon sind imperialen Ursprungs.

Platz zum Spielen

gibt es in Wien auch genug: 1.703 Spielplätze laden dazu ein.

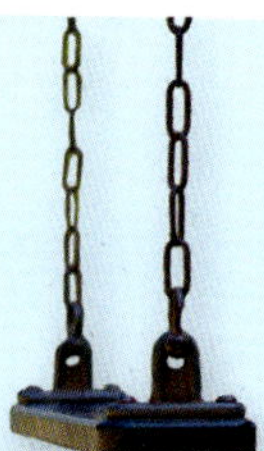

Über 400 Rosensorten

blühen im bekanntesten Rosarium Wiens, dem Volksgarten, zwischen dem Burgtheater und der Hofburg gelegen. Viele Menschen kommen nur wegen der wunderschönen Rosen hierher: 1.000 Hochstammrosen, 4.000 Beetrosen, 300 Schlingrosen und 200 Strauch- oder Parkrosen bezaubern die Betrachter. Einige sehr alte Züchtungen stechen gleich hervor: Rubens (1859), Perle vom Wienerwald (1913) und Jean C.N. Forestier (1919).

Rüstige Rose

Wenn wir aus dem Volksgarten in Richtung Ballhausplatz gehen, finden wir die berühmteste Strauchrose – sie ist nach dem Bundespräsidenten Dr. Karl Renner, dem Gründer der Ersten und Zweiten Republik, benannt und mittlerweile über hundert Jahre alt.

Der älteste Alpengarten der Welt

befindet sich in der barocken Gartenanlage vom Unteren und Oberen Belvedere. Mehr als 4.000 Pflanzenarten aus den Alpengebieten der ganzen Welt sind dort zu bewundern.

Der Botanische Garten

neben dem Belvedere, gegründet 1754 unter Maria Theresia, beherbergt 11.500 Pflanzenarten aus sechs Kontinenten, die für die wissenschaftliche Forschung und für den Artenschutz kultiviert werden.

21 Fledermausarten

leben im städtischen Gebiet.

2.300 Hektar groß

ist der Wiener Anteil (1/3) am Nationalpark Donau-Auen:
Die Lobau ist eine der letzten ursprünglichen Aulandschaften Europas. Hier sind seltene Orchideen ebenso anzutreffen wie Gottesanbeterin, Biber, Seeadler, Graureiher und Eisvogel, wenn man sich ruhig und achtsam verhält und mit offenen Augen durch den „Dschungel" geht.

Eine Millionenstadt mit 42 Kilometern Strand

und Naturschutzgebiet – das bietet die Donauinsel, als Hochwasserschutz zwischen 1972 und 1988 errichtet, an beiden Ufern zusammen. Auch dies macht Wien im Städtevergleich einzigartig!

Auf nur neun Prozent

der landwirtschaftlichen Nutzfläche werden 56 Prozent der landwirtschaftlichen Produkte geerntet.

200 Wiener Gemüsebauern

produzieren jährlich 71.202 Tonnen Gemüse in der Stadt und für die Stadt.

Erdäpfel in aller Munde

Kaiserin Maria Theresia machte den Erdapfel/ die Kartoffel auf den Speiseplänen populär.

Der Großteil der Wiener Erdäpfel-Ernte

wird direkt in die „Häuser zum Leben" des Kuratoriums Wiener Pensionisten-Wohnhäuser geliefert – das sind rund 350 Tonnen jährlich. Top sind die wirklich kurzen Transportwege.

645 Landwirte

gibt es in Wien.

Gurkenhauptstadt Österreichs

65,3 % aller österreichischen Gurken kommen aus Wien, das sind 29.270 Tonnen (Ernte 2019). Auch bei der Ernte von Petersilie und Melanzani (Auberginen) ist Wien Spitzenreiter im Österreichvergleich.

Den größten Wiener Bauernhof

betreibt die MA 49, die streng biologisch arbeitet. Mit seinen 1.000 Hektar Bio-Ackerflächen (von insgesamt 2.000 ha) und 48 Hektar Bio-Weinbau will der Forst- und Landwirtschaftsbetrieb österreichweit Vorbild sein und zum Bio-Anbau ermutigen.

Das Hundertwasserhaus

ist eine grüne Oase mitten in der Stadt: Mehr als 250 Bäume und Sträucher wurden 1985 gepflanzt und wuchsen auf seinen Balkonen und Dachterrassen zu einem richtigen Park heran. Denn Friedensreich Hundertwasser wollte „ein Haus für Menschen und Bäume". Bei der Pressekonferenz 1980 sagte er: „Nur ein frei wachsender Baum ist ein wahrer Partner, der uns mehr gibt, als wir ahnen".

30 Mariahilfer Stadtbauern

Der größte Nachbarschaftsgarten und innerstädtische Bauernhof Europas befindet sich am 2.000 m² großen Dach der Parkgarage in der Windmühlgasse.

Papier zu Papier

480.000 Bäume werden pro Jahr gerettet, indem in Wien jährlich 120.000 Tonnen Altpapier in über 95.000 Altpapiercontainern gesammelt und zur Herstellung von Kartons, Recycling- und Zeitungspapier verwendet werden.

Beim „Besuch der Alten Dame“

befinden wir uns nicht im Theater, sondern im Schönbrunner Palmenhaus. Es handelt sich um die älteste Topfpflanze der Welt, die Fockea crispa aus Südafrika aus der Familie der Seidenpflanzengewächse. Eine Schönheit ist sie nicht und über mehrere Monate des Jahres blattlos geht man glatt an ihr vorüber, so unscheinbar ist das warzige Holzgebilde. Aber immerhin hat sie mindestens 600 Jahre auf ihrem Buckel.

Es blüht so blau im Frühling

Die ausdauernde Pflanze des Wien-Blausterns (Scilla vindobonensis) oder Wiener Blausterns wurde nach der Stadt benannt und gehört zur Pflanzenfamilie der Spargelgewächse.

Bienen fliegen auf Wien

In Wien stehen insgesamt rund 6.000 Bienenstöcke mit etwa 40.000 Honigbienen pro Bienenstock (die apis mellifera carnica, Kärntner oder Krainer Biene). Dazu kommen ca. 500 Wildbienenarten, alleine 130 Arten davon konnten im Botanischen Garten der Universität Wien nachgewiesen werden. Je nach Wetter und Bienenzahl produziert ein Volk 25 bis 40 Kilogramm Honig im Jahr. Über 700 Imkerinnen und Imker sind in Wien aktiv.

Bienenstöcke, wohin man (hinauf-)schaut

Rund 500 Bienenstöcke stehen auf Flächen, die der Stadt Wien gehören: Mehrere Stöcke befinden sich auf dem Rathausdach (4 Bienenstöcke auf der Südseite seit dem Frühjahr 2017), in den Blumengärten Hirschstetten, am Weingut Cobenzl oder auf dem Zentralfriedhof, aber auch auf dem Dach der Staatsoper, des Kunsthistorischen Museums, der Universität und des Kunst Haus Wien sowie auf der Secession, dem Hotel „Intercontinental" und der Münze Österreich.

Ein Baum als Kunstwerk und als Mieter

In der Alserbachstraße 11, Ecke Liechtensteinstraße ragte lange Zeit ein Baum aus einem Fenster im ersten Stock (Top 6), der den Anrainern am Alsergrund (9. Bezirk) wohlbekannt war. Gepflanzt wurde die Robinie 1981 vom Künstler Friedensreich Hundertwasser, zählte zu seinen Kunstwerken und ist daher als „Baummieteraktion Alserbachstraße" in seinem Werkverzeichnis aufgenommen. Die Robinie ist zwar bei Renovierungsarbeiten abgestorben, aber es zog bereits ein neuer Baum-Nachmieter ein, eine Hainbuche!

Natürlich beeindruckend

1750 kaufte Kaiser Franz I. Stephan von Lothringen das zum damaligen Zeitpunkt größte Naturalienkabinett mit 30.000 Objekten an – damit legte er die Basis für das Naturhistorische Museum. 1889 übersiedelte diese Sammlung in das Haus am Ring, heute beherbergt es 30 Millionen Objekte (1.000-mal mehr als zu Beginn). Highlights sind etwa die 29.500 Jahre alte Venus von Willendorf sowie die älteste und größte Meteoritenausstellung der Welt.

Wildlife in Vienna

In Wien sind Tausende Wildtiere beheimatet, insgesamt 74 Säugetierarten. Genaue Zahlen gibt es nicht, nur Schätzungen: Rund 4.000 Füchse, 2.000 Steinmarder, 240 Biber, 200 Dachse, 5.000 Mauersegler-Paare und 252 Turmfalken-Brutpaare haben die Stadt zu ihrem Lebensraum erwählt.

Blüten-Sensation im Botanischen Garten

Der rund 150-jährige australische Grasbaum, der in den 1860er- oder 1870er-Jahren nach Wien gebracht wurde und möglicherweise das älteste Exemplar in Europa darstellt, blühte im Frühjahr 2019 zum ersten Mal. Der Blütenstand ragte ein bis zwei Meter aus seiner Mitte in die Höhe.

Umweltschonende Rasenmäher

kommen auf der Donauinsel zum Einsatz: Von Mai bis Oktober grasen unter der Aufsicht eines Schäfers 50 Schafe auf der Donauinsel und ersetzen die maschinelle Mahd. In sechs Monaten mähen sie rund 73.000 Quadratmeter ab, das sind 7,3 Hektar. Es handelt sich dabei um Krainer Steinschafe, eine alte, seltene Nutztierrasse.

Kamelhaltung

ist in Wien grundsätzlich erlaubt, weil Kamele zu den landwirtschaftlichen Nutztieren zählen. Sie bräuchten allerdings mehrere 1.000 m^2 Auslauf und viel Bewegung. Verboten ist laut Tierhaltungsverordnung §9 jedenfalls das Halten von Walen, Gorillas, Nashörnern, Giraffen und Rüsseltieren. Katzenbären und Kloakentiere dürfen auch nicht gehalten werden. Und noch ein paar mehr.

Weibliches

Wien ist die Stadt der Frauen, die mit ihrer Weiblichkeit, ihrem Charme und ihrem goldenen Wiener Herz die Welt erobern. Oft im Hintergrund, spielen sie doch die erste Geige im Verborgenen und regieren damit die Herzen und die Geschäfte.

Fanny Elßler

(1810–1884), die berühmteste Tänzerin und größte Ballerina der Romantik, ist die Tochter von Joseph Haydns Kammerdiener und Notenschreiber Florian Elßler. Sie kreierte einen neuen Tanz, die Cachucha, entwickelt aus dem Bolero und dem Fandango.

Eigener Kaffee, eigene Torte und eigene Warte

Pauline Fürstin Metternich (1836–1921), Enkelin und zugleich Schwiegertochter des Staatskanzlers Klemens Fürst von Metternich (sie heiratete ihren Onkel Richard), war in Wien tonangebend und beim Volk sehr beliebt. Sie initiierte den Blumenkorso auf der Prater Hauptallee und man verlieh ihr den Kosenamen „Fürstin Paulin". Sie hatte ihr eigenes Kaffeerezept (die Metternich Melange), die Hofzuckerbäckerei Demel widmete ihr als Stammgast die Metternichtorte und im Türkenschanzpark wurde der Aussichtsturm nach ihr benannt, die Paulinenwarte.

Seinen legendären Ruf

verdankt das „Hotel Sacher" nicht etwa seiner Sacher-Torte, sondern der Führung durch Anna Sacher mit Herz und Temperament, ab 1882 als „Witwenbetrieb" (nach dem Tod ihres Ehemannes Eduard Sacher, seinerzeit Schöpfer der heute bekannten Original Sacher-Torte). Wurde nach dem Hoteldirektor verlangt, meldete sie sich mit „Der Herr im Haus bin ich!" zu Wort, stets mit dicker Zigarre im Mund und begleitet von den „Sacher-Bullys", ihren Französischen Bulldoggen.

Die in Prag geborene Bertha von Suttner

hat in Wien ihren späteren Mann, Arthur von Suttner, kennen- und lieben gelernt und kehrte erst nach seinem Tod 1902 wieder nach Wien zurück. In der Zwischenzeit veröffentlichte sie ihren pazifistischen Roman „Die Waffen nieder!", der viele Menschen inspirierte, womit sie zu einer der bedeutendsten Vertreterinnen der Friedensbewegung wurde. Dafür erhielt sie am 5. Dezember 1905 als erste Frau der Welt den Friedensnobelpreis. Lange Zeit fand sich ihr Porträt auf der österreichischen 1000-Schilling-Banknote und jetzt auf der österreichischen 2-Euro-Münze.

Frauen durften erst ab 1856

die Kaffeehäuser besuchen, allerdings nur in Herrenbegleitung. Diese Maßnahme diente als Schutz vor Alkohol, Zigarettenrauch und dem Spielen, also vor dem „verruchten Ambiente" insgesamt.

Lisl Goldarbeiter

wurde 1929 im Alter von 20 Jahren zur Miss Austria, zur Vize-Miss Europa und schließlich in Texas zur bisher einzigen österreichischen und damals ersten nicht-amerikanischen Miss Universum gekürt.

Da schau her

Frau Ulam und Frau Benesch, akzeptierte Lebedamen und Stammgäste der k.u.k. Hofzuckerbäckerei Demel, waren auch die ersten und einzigen Frauen, die ohne Herrenbegleitung ins Sacher durften. Sie kleideten sich nach der neuesten Pariser Mode und sämtliche Aristokratinnen kamen extra ins Demel, um sich bei den beiden schlauzumachen, was aktuell in Mode war.

Frauen war es 1897 erstmals

erlaubt, an der Universität Wien zu studieren, aber nur an der philosophischen Fakultät. Im ersten Jahr inskribierten drei Studentinnen an der Universität Wien, eine davon war Elise Richter. Die Romanistin und Universitätsprofessorin promovierte 1901 als erste Frau zum Doktor der Romanistik und habilitierte 1905 als erste Frau an der Universität Wien. Sie war somit die erste Frau, die Männer (an der Universität) unterrichtete, was für einen ziemlichen Wirbel sorgte.

Erste Wiener Kommerzialrätin

Die k.u.k. Hofzuckerbäckerei Demel ging von August Dehne (nach ihm wurde der Dehnepark im 14. Bezirk benannt) an seinen Lehrling Christoph Demel über. Dessen Enkelsohn Christoph war mit Anna verheiratet, die als Anna Demel in die Geschichte einging. Nach ihrer Scheidung übernahm sie 1917 äußerst erfolgreich die Geschäfte des Demel und 1952 wurde ihr aufgrund ihres Einsatzes rund um das Demel als erster Frau in Wien der Titel Kommerzialrat verliehen.

Die als Hilde Mirjam Rosenthal in Görlitz

geborene Mira Lobe (1913–1995), die 1951 nach Wien kam, verfasste mehr als 100 Kinderbücher, die in mehr als 30 Sprachen übersetzt wurden. Ihre größten Erfolge waren „Die Omama im Apfelbaum“ (1965) und „Das kleine Ich-bin-ich“ (1972).

Auch die Hernalserin Christine Nöstlinger

(1936–2018) hat über 100 Kinderbücher geschrieben und zählt damit zu den bekanntesten und einflussreichsten Kinderbuchautorinnen des deutschsprachigen Raums. Mit ihren „Geschichten vom Franz" hat sie sich bis heute in die Herzen der Kinder geschrieben.

Revolutionierung der Hausarbeit

„Ich bin keine Küche!", war ihre oftmalige Aussage. Auch wenn man die vermutlich erste Architektin Österreichs, Margarete Schütte-Lihotzky (geb. 23. Jänner 1897 in Wien-Margareten, gest. 18. Jänner 2000), zumeist auf die Erfindung der in Serie gefertigten Einbauküche reduziert, die sie 1926 als sogenannte Frankfurter Küche entwarf, sie hat einiges mehr geleistet: Die Architektin engagierte sich für den sozialen Wohnbau, für Wohnungen für alleinstehende Frauen und war am Bau einiger Siedlungs- und Gemeindebauten beteiligt (z.B. Werkbundsiedlung, Siedlung Friedensstadt/Lainzer Tiergarten).

1912 fand in Wien

der erste österreichische Kindergärtnerinnentag statt, zu dem etwa 800 Kindergärtnerinnen aus dem deutschsprachigen Raum sowie aus vielen Teilen der Habsburger Monarchie kamen. Der Kindergarten sollte auch eine soziale Funktion erfüllen, das war die Forderung. 1914 fiel dann das Heiratsverbot für städtische Kindergärtnerinnen. Ab 1927 übernahmen Kindergärtnerinnen die Leitung der Kindergärten, davor waren es noch Lehrer und Schuldirektoren gewesen.

In der k.u.k. Hofzuckerbäckerei Demel

wurde bis 1972 ausschließlich von weiblichem Personal serviert: von den Demelinerinnen. Früher kamen die Mädchen aus einer Klosterschule im 18. Bezirk, wovon ihre schwarz-weiße Tracht mit Schürze zeugt. Kommen sie an den Tisch, ertönt der berühmte Demel-Satz: „Haben schon gewählt?"

Eine einzige Frau

wirkte mit vielen anderen Architekten zusammen an der Gestaltung des Wiener Untergrunds mit. Die Architektin Erika Geiger gestaltete die Station Hütteldorf und gemeinsam mit Kurt Schlauss auch die Station Längenfeldgasse. Mit ihm zusammen revitalisierte sie auch die Otto-Wagner-Stationen entlang der gesamten Strecke der U6.

Amüsantes

Zum Abschluss dieses Sammelsuriums an Kuriositäten haben wir noch etliche spaßige, irrwitzige und verrückte Fakten für Sie gefunden. Sachen, die es so nur in Wien gibt bzw. geben kann. Wir schauen mit Ihnen hinter die Kulissen einiger Institutionen und Begebenheiten.

Trinkfeste Ritter!

Der Weinverbrauch in Wien war im späten Mittelalter vermutlich etwa sechsmal so hoch wie heute. Gegen Ende des 16. Jahrhunderts wurden allein in den Buschenschanken im Durchschnitt 120 Liter Wein pro Kopf getrunken.

Hoch hinaus mit viel Spaß!

1977 wurde in Wien die Luftburg erfunden! Die Erfinderin ist Elisabeth Kolarik von den Kolariks, die aus dem Prater bekannt sind (sie ist die Schwester von Karl Kolarik vom „Schweizerhaus"). Das Lokal „Kolariks Luftburg" erinnert heute noch daran. Aus dem Spaß am Springen im Gitterbett ist ein Hüpfen auf einer überdimensionalen Luftmatratze geworden.

Sich einfach mal ins Gras setzen

In den Wiener Parkanlagen wurde ab Juli 2007 das Liegeverbot aufgehoben, auch in den Bundesgärten ist das „Sitzen, Liegen und Stehen“ mittlerweile teilweise erlaubt, zum Beispiel auf der großen Wiese im Burggarten bzw. auf eigens gekennzeichneten Liegewiesen. Sowohl im Volksgarten als auch auf der Wiese hinter dem Schloss Schönbrunn zur Gloriette hinauf etwa ist das Betreten der Wiese nach wie vor verboten.

Das Wurstparlament

war kein Faschingsscherz, sondern eine Einrichtung des Marktamtes. Von 1953 bis 2017 tagte es einmal pro Monat. Eine Expertenkommission verkostete dabei verschiedene Wurst- und Fleischprodukte und bewertete deren Qualität.

Schon einmal einen Fiaker getrunken?

Es handelt sich um einen großen Mokka im Glas mit viel Zucker und einem Stamperl (= 0,2 ml) Sliwowitz oder Rum, Schlagobers und einer Cocktailkirsche. Die Fiaker-Fahrer haben sich damit in ihren Pausen aufgewärmt, wenn es draußen kalt war.

Das meistbesuchte öffentliche Klo

befindet sich im Rathauspark. 400.000 Menschen suchen es Jahr für Jahr auf.

Das erste Irrenhaus der Welt

gab es in Wien, den Narrenturm im Alten Allgemeinen Krankenhaus. Seiner kreisrunden Form wegen erhielt er von den Wienern den Namen „Guglhupf". Auf fünf Stockwerken befanden sich 139 Zellen, in denen geisteskranke Patienten untergebracht waren.

Die teuerste Adresse für Geschäftslokale

befindet sich im „Goldenen H" in der Innenstadt. Zwischen Kärntner Straße, Stephansplatz, Rotenturmstraße, Graben, Kohlmarkt und Tuchlauben liegen die Spitzenmieten bei bis zu 600 Euro pro Quadratmeter.

Zahnpflege made in Vienna

1887 wurde die erste Zahnpasta in der Tube von einem bedeutenden chemischen Unternehmen in Liesing, Sarg's Sohn & Co., mit dem Namen „Kalodont" hergestellt.

Der Meiselmarkt

ist der einzige der 17 Wiener Märkte, der sich unter Dach befindet. 1995 übersiedelte er in die Halle, die einst als Wasserbehälter für die 1. Wiener Hochquellenwasserleitung diente.

Im Haus der Industrie am Schwarzenbergplatz

findet sich der älteste Paternoster Österreichs, der sogar noch in Betrieb ist. Eröffnet wurde er am 25. März 1911 vom Kaiser (Franz Joseph) persönlich.

Die beiden Restaurants

im höchsten Gebäude Österreichs, oben auf dem Donauturm, drehen sich in gegensätzliche Richtungen: Das Restaurant oben dreht sich im Uhrzeigersinn, das Café darunter dreht sich gegen den Uhrzeigersinn. 26, 39 oder 52 Minuten braucht man für eine ganze Drehung, je nach Einstellung der Technik.

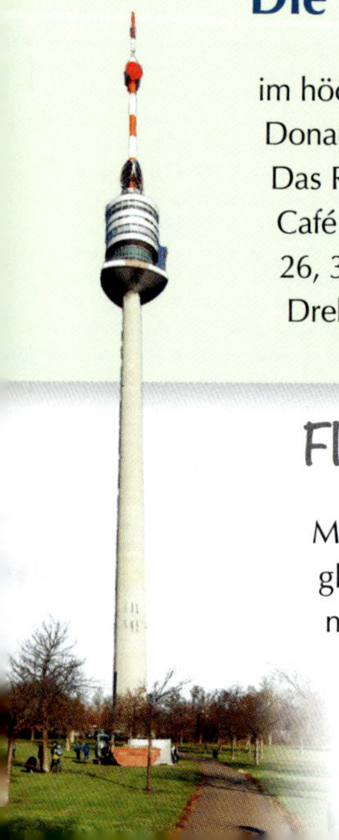

Flugerlaubnis

Möchte man in Wien mehr als 30 Luftballons gleichzeitig gen Himmel steigen lassen, braucht man dafür eine Bewilligung.

Die Queen im Gemeindebau

Als Queen Elizabeth II. in Österreich auf Staatsbesuch weilte, kam sie am 5. Mai 1969 im Marshallhof in Kaisermühlen (Stiege 1, Tür 67 im 11. Stock) für ein paar Minuten auf einen Tee vorbei, weil sie sich vom fortschrittlichen kommunalen Wohnbau überzeugen wollte.

Im Prater steht tatsächlich ein Atomreaktor

und es ist der einzige aktive Kernspaltungsreaktor Österreichs! In Betrieb genommen wurde der Forschungsreaktor TRIGA Mark II 1962 vom Atominstitut der Technischen Universität Wien.

Österreichs größter Hemdenhersteller

wurde 1863 von den Brüdern Hönigsberg gegründet. 1886 eröffneten sie im 15. Bezirk ihre erste industrielle Fertigungsstätte – mit Blick auf die aus diesem Grund namensgebende Gloriette.

Asterix und Obelix erobern die Donaustadt

Weil seine weiß-blau gestreifte Fassade an die Beinkleidung des Galliers erinnert, erhielt ein 80 Meter hohes Hochhaus von Gustav Peichl an der Wagramer Straße 25 den Namen „Obelixturm", auch „Der runde Wagramer" genannt (eröffnet 1998).

Wiens erste Erlebnis-WC-Anlage

befindet sich am Yppenplatz. An den Wänden sind Waldmotive zu sehen und entspannendes Vogelgezwitscher erklingt. Wiens erstes öffentliches WC wurde 1883 im 3. Bezirk eröffnet. Früher waren diese WCs in 1. und 2. Klasse eingeteilt, so waren nur die WCs 1. Klasse mit einem Waschtisch ausgestattet. Pissoirs waren immer gratis.

Scheiden tut weh

Von 1970 bis heute wurden 2006 die meisten Ehen wieder gelöst (6.446 Ehescheidungen), insgesamt ist jedoch die Scheidungsrate sogar leicht gesunken (von 4.510 Ehescheidungen 1970 auf 4.157 Ehescheidungen 2017)!

Wiens größter Restmüllverwerter

ist die Müllverbrennungsanlage Spittelau. Mit der goldenen Kugel an einem der Türme des Gebäudes wurde sie zu einem richtigen Wahrzeichen von Wien – die Kugel stellt eine goldene Kappe dar und so kam es dazu: Während der Diskussion mit den Bauherren verlor der Künstler Friedensreich Hundertwasser, der in die Gestaltung eingebunden wurde, seine Geduld und rief in die Runde: „Ich hau den Hut drauf." Die Bauherren griffen diese „Idee" auf und fügten so eine Kappe hinzu.

Rosa war früher nicht nur die Farbe der Buben

und eine Farbe, die Stärke symbolisierte, Rosa ist auch seit 1913 die Unternehmensfarbe der Café-Konditorei Aïda, die von Rosa und Josef Prousek gegründet wurde. Weil Josef den Vornamen seiner Frau so liebt(e), ist bis heute alles in Rosa gehalten. Und weil des Firmengründers Lieblingsoper die „Aïda" von Giuseppe Verdi war, nannte er auch sein Unternehmen so – obwohl auch „Verdi" damals zur Auswahl stand.

Die Göttin der Weisheit

In Wien steht die Pallas Athene, die Göttin der Weisheit, vor dem Österreichischen Parlament an der Ringstraße – als Zeichen für überlegte und umsichtige Entscheidungen der Politiker. Warum wendet sie dem Parlament den Rücken zu?

Powidl

ist keine Marmelade, da die Zwetschken traditionell gänzlich ohne Zucker oder andere Zusatzstoffe eingekocht werden.

Aber das ist uns jetzt Powidl.

Es war sehr schön, es hat uns sehr gefreut! (frei nach Kaiser Franz Joseph I.)

Bildnachweis

Einband vorne: Shutterstock/Simone Voigt; S. 3: Elisabeth Ornauer; S. 4: Elisabeth Ornauer; S. 6: Shutterstock/Kiev.Victor; S. 7: Pixabay/Dieter G; S. 8: Elisabeth Ornauer; S. 10: © Wiener Wasser / Zinner; S. 11: Pixabay/Julius Silver; S. 13: © Forstbetrieb der Stadt Wien; S. 14/15: Pixabay/NakNakNak; S. 17: Elisabeth Ornauer; S. 18: Elisabeth Ornauer; S. 19: Pixabay/LukasFeuerwehrKHDWien; S. 21: Elisabeth Ornauer; S. 23: Elisabeth Ornauer; S. 24: Elisabeth Ornauer; S. 27: Pixabay/Peter Markl; S. 28: Pixabay/Momentmal; S. 30: Pixabay/Manfred Reinert; S. 33: Von Hugo Gerard Ströhl - Peter Diem [1], Gemeinfrei, https://commons.wikimedia.org/w/index.php?curid=1295573; S. 34: Pixabay/Capri23auto; S. 35: Shutterstock/Sandra van der Stehen; S. 37: © Christian Fürthner / PID; S. 38: Shutterstock/MaraZe; S. 40: Shutterstock/Cat Act Art; S. 41: Shutterstock/Murvin; S. 42 oben: Shutterstock/Alexander Raths; S. 42 unten: Shutterstock/Cyndi58; S. 44/45: © Hotel Sacher; S. 46: © Niemetz; S. 47: Shutterstock/Simone Voigt; S. 49: Shutterstock/Karl Allgaeuer; S. 50: Shutterstock/Jag_cz; S. 51: Shutterstock/CryptoSkylark; S. 52: Shutterstock/Aysezgicmeli; S. 55: Pixabay/Innviertlerin; S. 56: Shutterstock/mhatzapa; S. 57: © Mozarthaus Vienna / David Peters; S. 58: Shutterstock/pozzipool; S. 59: Shutterstock/Natalia80; S. 60: Shutterstock/cosmaa; S. 62: Shutterstock/yavuzunlu; S. 63: Shutterstock/palpitation; S. 64: Shutterstock/Fer Gregory; S. 66: Shutterstock/Billion Photos; S. 68: Shutterstock/Nattika; S. 69: Shutterstock/M.Stasy; S. 70: Shutterstock/mjovanovic; S. 71: Elisabeth Ornauer; S. 72: Shutterstock/canadastock; S. 75: Shutterstock/VladisChern; S. 76: Pixabay/Simon Matzinger; S. 77: Shutterstock/smolyaninov; S. 78: Shutterstock/charnsitr; S. 79: Pixabay/ngcanh; S. 80: Shutterstock/Den Rozhnovsky; S. 81: Elisabeth Ornauer; S. 83: Original Wiener Schneekugelmanufaktur; S. 84 oben: Elisabeth Ornauer; S. 84 unten: Pixabay/Der Küchenteufel; S. 85: © Schaub-Walzer / PID; S. 86: © MA 48; S. 87: Pixabay/Regenwolke0; S. 88: Elisabeth Ornauer; S. 91: Elisabeth Ornauer; S. 94: © Schaub-Walzer / PID; S. 95: © Christian Houdek / PID; S. 97: Shutterstock/spacezerocom; S. 98: Pixabay/Comfreak; S. 99: Shutterstock/Illizium; S. 100: Elisabeth Ornauer; S. 102: Pixabay/Andreas H.; S. 103: Elisabeth Ornauer; S. 105: Elisabeth Ornauer; S. 106: Shutterstock/NGvozdeva; S. 107: Elisabeth Ornauer; S. 108: Shutterstock/Bildagentur Zoonar GmbH; S. 109: Shutterstock/canadastock; S. 110: Shutterstock/connel; S. 111: © Kunsteisbahn Engelmann; S. 112: © Votava / PID; S. 113: Shutterstock/Pavel1964; S. 114: Shutterstock/Vasek Rak; S. 115: Shutterstock/Standard Studio; S. 116: Shutterstock/Pearl PhotoPix, S. 117: Shutterstock/Mmaxer; S. 118: Shutterstock/nasidastudio; S. 120 oben: Shutterstock/Ian 2010; S. 120 unten: Shutterstock/Andrey Burstein; S. 121: Pixabay/andreas N; S. 122: Shutterstock/Liath; S. 123: Shutterstock/Anna Kucherova; S. 125: Shutterstock/PureRadiancePhoto; S. 126 oben: Shutterstock/Pandur; S. 126 unten: Shutterstock/Aleksandr Rybalko; S. 128: Shutterstock/Stephen Barnes; S. 130: © Hotel Sacher; S. 131: Shutterstock/AboliC; S. 133: Shutterstock/mpaniti; S. 134: Elisabeth Ornauer; S. 135: Shutterstock/Tereshchenko Dmitry; S. 136: Shutterstock/Africa Studio; S. 137: Shutterstock/Nigel Stripe; S. 138: Shutterstock/Mikadun; S. 139: Pixabay/Michael Kleinsasser; S. 140: Shutterstock/Victoria 1; S. 141: © AÏDA; S. 142: Pixabay/Waltteri Paulaharju; Autorenporträt: © Christina Anzenberger-Fink.

Impressum

Sutton Verlag GmbH
Arnstädter Straße 8
99096 Erfurt
www.suttonverlag.de

ISBN: 978-3-96303-244-8
Druck: Florjančič Tisk d.o.o. / Slowenien
Gestaltung und Herstellung: Sutton Verlag

In diesem Buch wird aus Gründen der besseren Lesbarkeit das generische Maskulinum verwendet. Weibliche und anderweitige Geschlechteridentitäten werden dabei ausdrücklich mitgemeint, soweit es für die Aussage erforderlich ist.